JN274943

倫理良書を読む

災後に生き方を見直す28冊

島薗進
Susumu Shimazono

弘文堂

はじめに

「倫理」というと堅苦しい規則や遵守義務命題のように考えられるかもしれない。しかし、私は「倫理」はさまざまな形をもった「善い生き方」を、また「善い生き方」のための筋道を示すものだと考えている。

これは幅が広い。もちろん善悪の基準を示すという意味も含まれるが、規則や規範命題といった形では表せないような「善さ」をも大事にしたい。悪や罪や死をどう受け止めるかということも倫理の重要な課題だ。こうした意味での倫理を語っている書物は多い。たとえば、美意識や死生観の表現という側面から読み解かれることが多いような書物も、倫理の表現として読み直すことができるだろう。

そのような広い意味での「倫理」をよく示している書物を紹介しその現代的な意義を考え直していきたいと考え、二〇一一年四月から一ケ月に一冊ずつ倫理に関わる良書を選び、紹介しながら私の批評・感想をしたためる作業を始めた。

折しも東日本大震災と福島原発災害が起こり、「災後」の日本社会で問われている問題に関わる書物を多く選ぶことになった。「災後」とは、まずは東日本大震災と福島原発災害の苦難が続いている状況を意味するものだ。二つの災害は日本社会のあり方に、また私たちの生き方に、多くの問いを投げかけた。津波による多くの死者、そして厳しい生活環境下、大切な人たちと死別して生きていかなくてはならない津波被災地の方々、また原発災害に苦しむ被災者の思いを受け止めてあらためて私たちの生き方を考える機会ともなった。

また、豊かさを求めるあまり真実を歪め、安全を疎かにしてきた科学・技術や政治・経済のあり方も問い直されることになった。だが、「災後」という言葉の意味はこうした問いかけにとどまらない。第二次世界大戦・アジア太平洋戦争の「戦後」を長く見れば二〇一一年まで続いたと見て、三・一一以後新たに「災後」に入ったと見る見方もある。

明治維新で「富国強兵」を掲げ前進してきた日本が「強兵」を放棄したのが一九四五年だった。しかし、その後も「富国」の目標は維持された。三・一一後の今、ひたすら経済成長を目指してきた戦後日本の体制から新たな社会のあり方と人々の生き方が願われるようになっている。それを「災後」とよぶ用語法もある。「災後」は「富国」にかわるような目標を見出していくべき時代という考え方だ。私もこの考えにある程度、共鳴している。もっとも、長期にわたってこの意味での「災後」を求めていく状況が続きうるかどうか予測はできない。だから「災後」をこの意味に引きつけ過ぎて用いるつもりはない。

「災後」という言葉に見えるように、時代の問いに触発されながら考えるという姿勢を重んじている。学問分野でいうと応用倫理や公共哲学に関わる書物を多く取り上げている。だが、倫理をめぐる問いは時代限定的なトピックを超えるものであることは言うまでもない。だから、私が自分の人生のなかで長く考えて来た倫理的な問いに関わる書物もかなりの割合を占める。個々人の生き方が如実に表れた書物、あるいは哲学、宗教、思想、文学の伝統に関わる書物だ。「災後」の時代的な問題に触発されて選んだ書物と、長期的な関心にそって取り上げた書物とのバランスがとれているとよいと思うが、いくらか前者に偏っているかもしれない。

上記のバランスに関連するが、時代の風雪に耐えて読み続けられてきた古典的な書物と、刊行されてからさほど年月が経っていない書物とのバランスも考えながら書き継いだつもりだ。あまり分厚い書物はできるだけ避けて、まずはそれほど長くない読みやすい本を取り上げることも心がけた。紹介した書物を現代の読者にできるだけ読んでほしいという考えがあってのことだ。他方、新しい書物の場合も、古典や読み継がれてきた書物を大切にしているような書物を選ぶようにしている。倫理や生き方というものは、そもそも時代を超えたものに根ざしているはずであり、過去から受け継いでいく要素が大きいからだ。

何より伝えたいことは良書を読むことの喜びだ。実際、毎月、「倫理良書レビュー」を書くのが楽しかった。錯覚かもしれないが、熟達した書き手たちが倫理を問い考える、それをともに経験するように思ったからだ。そうした私の心おどりを少しでも感じ取っていただけることを願っている。

目次

はじめに　1

I　科学の力と限界

チャールズ・P・スノー　二つの文化と科学革命　11

ローベルト・シュペーマン　原子力時代の驕り――「後は野となれ山となれ」でメルトダウン　19

池内 了　科学の限界　29

影浦 峡　信頼の条件――原発事故をめぐることば　39

Ⅱ ともに生きる

原田正純　水俣病　51
レイチェル・カーソン　沈黙の春―生と死の妙薬　59
鬼頭秀一　自然保護を問いなおす―環境倫理とネットワーク　69
枝廣淳子・草郷孝好・平山修一　ＧＮＨ（国民総幸福）―みんなでつくる幸せ社会　77

Ⅲ 責任と赦し

カール・ヤスパース　戦争の罪を問う　89
吉田　満　「戦艦大和」と戦後　97
ジャン・ヴァニエ　暴力とゆるし　105
加藤陽子　戦争の日本近現代史―東大式レッスン！　征韓論から太平洋戦争まで　115
高橋源一郎　非常時のことば　123

Ⅳ この世の務めを超えるもの

内村鑑三　後世への最大遺物　133
竹内　好　魯迅　141
加地伸行　儒教とは何か　151
竹内　洋　教養主義の没落――変わりゆくエリート学生文化　159
安冨　歩　生きるための論語　167

Ⅴ 悲しみとともに生きる

橋本峰雄　「うき世」の思想――日本人の人生観　177
宗　左近　小林一茶　187
中野孝次　風の良寛　195
小此木啓吾　対象喪失――悲しむということ　203
竹内整一　「かなしみ」の哲学――日本精神史の源をさぐる　211

VI 公共哲学の方へ

山脇直司　公共哲学からの応答─3・11の衝撃の後で　221
ウルリッヒ・ベック　世界リスク社会論─テロ、戦争、自然破壊　229
アマルティア・セン　グローバリゼーションと人間の安全保障　237
マイケル・J・サンデル　完全な人間を目指さなくてもよい理由─遺伝子操作とエンハンスメントの倫理　245
イマニュエル・カント　永遠平和のために　257

あとがき　267

I　科学の力と限界

近代の学校教育では科学的知識が知の模範と考えられてきた。だが、福島原発災害によって少なくともある分野の科学技術の専門家に対する信頼がガラガラと崩れた。科学的合理性の限界が強く意識されるようになったと言ってもよいだろう。では、私たちは科学にどう関わっていくべきだろうか、また科学を現代社会においてどう限界づけるべきだろうか。これは応用倫理という学問領域で問われてきた問題と関わる。

チャールズ・P・スノー

二つの文化と科学革命

松井巻之助訳
みすず書房、二〇一一年
（初刊一九六七年、原著第二版一九六四年）

「二つの文化」（The Two Cultures）というのは、それぞれ「文学的知識人」の知的世界と、物理学者を典型とするような「科学者」の知的世界を指す。スノーはこう述べている「全西欧社会の人びとの知的生活はますます二つの極端なグループに分れつつある」（五頁）。「そしてこの二つの間をお互いの無理解、ときには（若い人たちの間では）敵意と嫌悪の溝が隔てている。だが、もっとも大きいことは、お互いに理解しようとしないことだ。彼らはお互いに、相手にたいして奇妙な、ゆがんだイメージをもっている。彼らの態度はまったくちがっているし、情緒をくらべてみても、あまり共通なものはない」（五頁）。

「二つの文化」はこんなふうにも描かれている。「非科学者たちは、科学者は人間の条件に気がつかず、浅薄な楽天主義者であるという根強い印象をもっている。一方、科学者の信ずるところでは、文学的知識人はまったく先見の明を欠き、自分たちの同胞に無関心であり、深い意味では反知性的で、芸術や思想を実存哲学の契機にだけかぎろうとしている」(六頁)と。

二〇世紀の中頃のイギリスの(また、少し広げて西欧の)状況を描き出したものなので、たとえば「文学」とか「実存」の意義が強調されている。こうしたところに二一世紀初頭の今(の日本)との時代の相違を感ずる読者も多いだろう。だが、「文学的知識人」と「科学者」という対立項を、「文系」と「理系」、「人文学的文化」と「自然科学的文化」の対立項に置き直してみると、今でもおおよそ似たような「二つの文化」があると感じる読者も少なくないのではないか。今では計量的な社会科学や心理学、あるいは情報科学や応用倫理や科学技術社会論のような境界領域の学術分野が広く存在するようになっており、二つの文化の境界線はいくらか目立たぬものになっている。だが、スノーのこの書物が今も世界中で読み継がれていることは、「二つの文化」という視点がなお一定の有効性をもつことを如実に示していると思う。

著者があげる次の例は、今でもたいていの先進国で聞くことができそうな話だ。

私はよく(伝統文化のレベルからいって)教育の高い人たちの会合に出席したが、彼らは科学者の無学について不信を表明するという趣味をたいそうもっていた。どうにもこらえきれなくなった私は、彼らのうち何人が、熱力学の第二法則について説明できるかを訊ねた。答えは冷ややかなものであり、否定的でもあった。私は「あなたはシェークスピアのものを何か読んだことがあるか」というのと同等な科学上の質問をしたわけである。

もっと簡単な質問「質量、加速度とは何か」（これは、「君は読むことができるか」というのと科学的に同等である）をしたら、その教養の高い人びとの十人中の幾人かは私が彼らと同じことばを語っていると感じたろうと、現在思っている。このように現代の物理学の偉大な体系は進んでいて、西欧のもっとも賢明な人びとの多くは物理学にたいしていわば新石器時代の祖先なみの洞察しかもっていないのである（一六―七頁）。

なかなか辛辣で鋭い。では、どのような背景からこのような書物が生まれたのか。著者の経歴のあらましを見ることでいくらかなりと理解が深まるかもしれない。

著者のC・P・スノー（Charles Percy Snow）は、一九〇五年、イギリス生まれの作家で、二〇代から作品を公表し、一九四九年から二〇年以上をかけて発表された大河小説『他人と同胞』(*Strangers and Brothers*) が主著とされる。他方、彼はケンブリッジ大学で物理学を学び、その後、科学の知識を生かして企業や政府の仕事に携わってもいた。イギリス電力会社重役（一九四五―六〇）、科学技術大臣の議会秘書（一九六四―六六）などである。一九八〇年に亡くなっている。

現在、英国のみならず世界中にスノーの名を知らしめているのは、このように文学と科学という二つの世界に関わりをもっていたスノーならではの講演、すなわち「二つの文化」と題されたケンブリッジ大学リード講演である。一九五九年に行われ、その年の内に書物として刊行されたこの講演は、爆発的な反響をよんだ。スノーはすでに一九五六年に「二つの文化」という文章を発表しており、他にも同じ問題を論じた人がいるとしているが、大反響を巻き起こしたのは五九年の講演とそれに基づく書物だった。著名な学者や作家らがこの本について活溌に論じ合ったのだ。そこでスノーは、著名な書評誌『エンカウンター』（一九六〇年二月号）に「二つの文化」にたいする批判への答」を公表する。さらに一九六三年には「その後の考察」と題された文章も書かれる。これら三編を収録したのが『二つの文化』第二版（一九六四年）だ。

日本語訳は『二つの文化』とせず『二つの文化と科学革命』と題している。この「科学革命」はリード講演の四つの節のうち第三節の題をとったものだ。そこでは「科学革命」が「産業革命」と対置されて説明されている。「産業革命」は一八世紀半ばから二〇世紀初頭に起こった。それによって多くの人々が農業から工業や製品販売に関わる仕事へと転じた。これに対してスノーのいう「科学革命」は「科学そのものの工業への応用から生まれ」る変化で、大規模で急速な変化が今起こりつつあるという。では、いつから「科学革命」は起こったか。六〇年ほど前、つまり一九世紀末からと見る人もいるが、著者は三、四〇年前、すなわち二〇世紀の初期と見ている。

スノーは「そして大ざっぱ定義として、それは原子的な粒子が最初に工業的に利用されだした時期であるとしたい」としている（三〇頁）。「科学革命」というとふつうニュートンらが出て近代科学の基礎が作られ、世界像の変化が生み出された一七世紀頃の事態を指すのに用いられるが、著者の用語法はそれとは異なっている。だが、科学が産業・経済と密接に結びつくものとなり、人類の生活を日々刻々変えていく作用をもつようになったことを指すこの用法も理解できるものだ。著者は基礎科学と応用化学との開きについても述べている。基礎科学者と応用科学者や技術者では、また文化がだいぶ異なっている。これも現代社会の大きな問題だ。著者自身、応用化学分野に親しんだことで大いに教育的な恩恵に浴したと述べている。

「二つの文化」を論じる上で、なぜ「科学革命」を問題にする必要があるのか。エリート（知識人）も市民ももっと科学を学ばなくてはならない。それも応用科学までも含めた科学について、政治家も人文系の学者もそして新しい世代の子どもたちにもっと教育しなくてはならない。これが著者の主要な主張点だからだ。著者はソ連やアメリカなど他の国と比べて、イギリスの教育が科学を軽視していないかと問うている。こうなると「科学革命」の時代の「国家戦略」といった、昨今繰り返し聞かされている話の魁なのかと思われてもくる。

そのことを意識しながら、著者はそれを人類全体の福祉の問題だと論じていく。もとの講演の第四節は「富めるものと貧しいもの」と題されている。そこでは、貧富がはなはだしく開いている現状を克服していくことができるのは「科学革命」を押し進めることによってだと論じられている。

科学革命は不可避のものである。インド、東南アジア、ラテン・アメリカ、中東で五十年以内に科学革命を遂行することは技術的に可能である。西欧人がこれを知らないという口実は立たない。そしてまた、科学革命こそわれわれの行く手に立ちはだかる三つの脅威、水爆戦、人口過剰、貧富の差、から逃れる唯一の方法であることを知らないといっても、口実にはならない。これは極悪の罪悪が罪とされないでいる場合の一例といえよう。

富んでいる国と貧しい国との開きは取りのぞくことができるものであるから、その開きはなくなっていくであろう。われわれが、好意とか、公明正大な自分の利益ということが考えられないほど近視で、愚かだとしたら、それを取りのぞくためには戦争と飢えを招くかもしれないが、いずれにしてもそれは取りのぞかれるであろう。(四六—七頁)

著者は「科学と結びついた産業の発展によって貧富の差は取りのぞかれるだろう」と信じているようだ。今、読むとそれは楽観的すぎてやや説得力に欠ける。

この時代には確かにそうした希望があった。だが、当時もそんなにうまく行くかどうか懐疑的な見方があった。そしてそこで楽観的な見方をとるか、悲観的な見方をとるかが「二つの文化」をどう見るかの分かれ目の一つにもなっていた。著者はそのことに自覚的で、「二つの文化」の主要な対立点は、社会の未来について楽観的か悲観的かという点に由来すると見ている。これについて、著者は文学的知識人の側の誤解があると論じている。先にも引いたように、「非科学者たちは、科学者は人間の条件に気がつかず、浅薄な楽天主義者であるという根強い印象をもっている」と述べた後、こう続けて行く。

いつの時代にも、もっとも鋭い非科学者たちがこの非難を続けているが、それは個人の体験と社会の混同、人間個人の条件と社会の条件との混同によるものである。私の親しい非科学者たちも同様に、深く感じている。われわれは誰もが孤独である。ときには愛情や創造的な契機によって孤独から逃れることもあるが、このような人生の勝利もわれわれが自分ひとりのためにつくる光のたまりであって、道の両側は真暗である。けっきょくは、だれもが独りで死んでいく。(中略)

だが科学者の大部分は、個人の条件が悲劇的であるというそのことだけから社会の条件が悲劇的でなければならないということの理由がでてくるとは思わないであろう。(七―八頁)

他方、文学的知識人の一部が悲観的な人間観から、ナチスに共鳴するような反知性的、反社会的な方向に向かうことも間々見られると著者は論じる。それは科学者が文学的知識人に対しても一つ疑いの有力な根拠となっている。文学的知識人は確かにそういう例があることをいさぎよく認めた方がよい。文学的知識人が最低限の生活水準のような共通の幸福の基準をとるに足りないもののように見て、「科学革命」によってこそ生活水準を引き上げることができることを軽視するのも適切でない。こう論じていく。

結局、著者は科学者の文化に分があることを認めるよう、文学的知識人に迫っている。科学の素養の乏しい当時の西欧の知識人にはそれが気に障った。そこでこの書物をめぐって大きな議論が湧き上がった。その後の歴史の展開を見ると、文系の学者が科学リテラシーを高めるべきだし、もっと科学教育を充実させるべきだという著者の主張は妥当と見なされるようになり、ある程度実現してきたかもしれない。だが、それでも「二つの文化」の対立は続いている。福島原発事故やｉＰＳ細胞研究の推進のようなニュースが毎日のように伝えられる今日、著者が目指した「二つの文化」の間の交流・対話は、さらにいっそう求められるものになっている。

だが、他方、「科学革命」をどう見るかについては、この書物が目指す論理の射程ではもの足りないものがあるのも確かだ。「科学革命」が人間の福祉を阻害する方向に働きかねない例が数多く見られるからだ。たとえば著者は、「科学革命」の重要な要素として原子力の利用をあげていた。だが、原子力利用が将来世代にどれほどの容易ならぬ負荷をもたらすかという問題にはまったく思い至っていなかった。生命科学が次々に生み出す倫理問題も視野に入ってはいない。

この本の初版が出てから五〇年以上が経過したが、その間の経験を踏まえて、今日もなお続く「二つの文化」問題について、さらに深く考えていきたい。その際、本書はなお行く手を照らしてくれる光源の一つとなるだろう。科学技術が人間のいのちにもたらす恵みと脅威をめぐる倫理問題――その先駆的な論著の一つと位置づけることもできるだろう。

ローベルト・シュペーマン

原子力時代の驕り――「後は野となれ山となれ」でメルトダウン

山脇直司・辻麻衣子訳
知泉書館、二〇一二年刊
(原著二〇一一年)

ドイツでは二〇一一年五月三〇日に、連邦政府の「安全なエネルギー供給のための倫理委員会」による報告書「ドイツのエネルギー大転換――未来のための共同事業」が示され、メルケル首相はそれにそって「脱原発」への歩みを進めていくことを宣言した。そもそも「脱原発」という語はチェルノブイリ事故後にドイツで広く使われるようになった「アウスシュティーク Ausstieg」という語の訳語として使われるようになったものだ。このドイツ語は「下車する」という意味の語で、すでに原発が社会で一定の役割を果たしていることを認めた上でそれへの依存からの脱却を図ろうというものだ。

この委員会が「倫理委員会」と名づけられていることは注目すべきことだ。ドイツでは原発を進めていくかどうかは、倫理の問題として熟慮し判断すべき事柄だと理解されている。もちろん科学によって得られる情報や技術は重要だ。だが、科学は科学からだけでは答えを導くことができない問題（トランスサイエンス）と切り離せないと広く認識されている。だからこそ核をめぐる国の重要な方針は倫理委員会で討議され、決定される。この委員会メンバーには人文社会系の学者や宗教界に属する有識者が多いのだが、こうした認識を反映したものだ。

このような共通認識が存在するのは、実際、原発の推進如何が倫理に関わる重要な問題であることを多くの国民に納得せしめるような議論が行われてきたからだろう。その倫理的な観点を重視した充実した討議の担い手の一人としてよく知られているのが、一九二七年生まれの哲学者、ローベルト・シュペーマンだ。キリスト教徒（カトリック）であることを自ら示しながら、宗教・宗派の違いを超えて尊ばれるべき倫理的な考察を示し、世界のカトリック教徒に対し、またドイツ世論に対しても大きな影響を与えてきた学者だ。

『原子力時代の驕り』には六編の論文とインタビュー記事が収録されているが、それぞれ一九七九年、八一年、八八年、二〇〇六年、一一年（二編）に公表されたものだ。この哲学者は、チェルノブイリ事故が起こり、ドイツの世論が脱原発へと傾いていく以前から、一貫して原発の非倫理性を説いてきたことが分かる。訳者解説にあるように、その核心には「放射性廃棄物の最終処分場が決まらない状態で原発を稼働させることは、将来世代に対して不当な要求を強いるものであるが故に、倫理的に不当である」（一一五―六頁）というテーゼがある。

七九年に公表された「政治的倫理の問題としての自然界への技術介入」を見てみよう。上記の基本テーゼにあたることは次のように述べられている。「……重要なのは、子孫たちの生命と自由がいかなる仕方でも侵害されない状態のまま、世界を残す義務が人間にあるということと、我々によって強いられた負担とともに世界を受け入れるよう子孫に安直に期待してはならない」ということだ。より具体的には、「第一に、重要な量の不可逆な変質が地表近くに残されないこと」、また「第二に……自然に内在する危険――地震、火山噴火、大嵐など――のほかに、我々が物質を変化させることによって、さらなる危険の源を我々の惑星に付け加える権利など持たない」ということだ。

人間はリスクを引き受けながら人間の福利となるものを手に入れて来たのだから、原子力の利用も同様に考えて受け入れるべきだと論じられる。だが、まずリスクの量がどれほどのものであるか分からないという事態がある。取るに足りない盗み食いと他の窃盗は区別すべきだが、核技術による変化を前者のようなものと見ることはできない。それにも増して重要なのは、利益を得るものと損失をこうむる者とがまったく異なるということだ。前者が後者にリスクを負わせることは許されない。よく顔の見える同士の今の人たちが、まったく顔の見えない他者のリスクを犠牲にして利益をあげるようなことはしてはならない。「ここでの確率計算は場違いである。誰もその賭けが好結果に終わる蓋然性がとても高いからという理由だけで、他人の生命を賭けてはならないのだ」(三九頁)。

将来、リスクをどれほど制御できるかについては、六〇年代以来、評価が変化してきた。原子力の利用に希望をもっていた時代は、いつかリスクも小さなものに減らすことができるという期待のもとに楽観論が唱えられた。だが、いつまで経っても原発の使用によって生じる放射性廃棄物の処理の方策は見えてこない。事故も絶えない。こうした楽観による失敗には手近な経済的な利益を得るための科学技術に対する過度の期待が関わっている。それは将来世代の負担を確実に増やしているのだが、そのことには目をつぶろうとする。

この「驕り」こそ、邦訳書の副題であり、原著の正題である「〈後は野となれ山となれ〉でメルトダウン Nach uns die Kernschmelze」の意味するところだ。この「メルトダウン」は「大洪水」に置き換えたもの。「我が後に大洪水あれ」とも訳される元の句はルイ一五世とポンパドゥール夫人に由来し、責任ある者の投げやりな姿勢を示す慣用表現だ。私なりに解釈すると——「メルトダウンが起こるとしても私たちの生きている間のことではない」のだし、求めているのは別のたいへん大きな利益なのだから、付随的な悪影響があるとしても「後で解決すればよい」という考えを指すものだろう。ここでシュペーマンが問題とするのは、近代科学が陥りがちな重大な視野狭窄だ。シュペーマンはある目的のためになされる科学技術の追求から生じる「付随的諸影響」を軽んじる傾向を問題にしている。

これは原子力開発だけの問題ではない。シュペーマンは生命科学の問題にもふれている。生殖補助医療や人胚《ひとはい》研究から生じる危険についてだ。「認識欲は正当なものであり続けますが、その適用に関わる技術の至るところで、人間は認識と非常にナイーブな付き合い方をしているように私には思えます」(一一一頁)。ＥＳ細胞培養やクローン技術を、またｉＰＳ細胞の研究を人に適用して、どこまで研究を進めてよいのかきわめて難しい倫理問題が関わる。だが、そのような問題はできるだけ避けて通りたい。そうしないと国際競争で遅れを取ってしまうだろう。

こうした事態を問い直すシュペーマンは、原発の倫理を近代の科学技術が抱える根本的な問題に由来するものと捉える。この点でカール・フリードリヒ・フォン・ヴァイツゼッカーをめぐる逸話は印象的だ。ナチス政権の外務次官を務めた父と、戦後ドイツの大統領となった兄をもつこの物理学者は、ナチス時代に原爆の開発に携わり、戦後はキリスト教の立場から平和運動を進める哲学者となり、シュペーマンと同じくハイデルベルク大学で哲学教授となった。

理論物理学者のカール・フリードリッヒ・フォン・ヴァイツゼッカーは私に、彼が他の物理学者と一緒に捕われていたとき、日本への二度の原爆投下について経験したことを次のように話してくれました。私たちの最初の反応は、「ウォー、うまくいった」だった。けれども、だんだん、「恐ろしいことだ」という認識が沸いてきた、と。

こうした最初の深い満足感に関する咎めから、科学者たちは自由ではありません。ヴァイツゼッカーは、いわゆる残余リスクについて知っていたにもかかわらず、オーストリアで、当時の首相ブルーノ・クライスキーに原子力発電所の建設に肩入れをするよう助言しました。しかもその時、通常では何も起こりえないということを彼は前提にしていたのです。（一〇八—九頁）

これは、たとえば戦争（内戦を含む）やテロリズムが起こったときに何が起こるかといった論点も無視するような楽観論だ。「それに対して、私は当時、千年に一度起こりうる危険をベースにして、極限状況を顧慮しなければならないと反論しました」（一〇九頁）。これはリスク評価の立証責任問題に関わる。原発が安全であると確信している人々がそれを証明しなくてはならないはずだ。中世には「疑わしい場合には現状変更は行わない」という保存原理が適用されていた。ところが原発問題では「疑わしきは自由のために」という近代的原理が貫徹されてきた。

ここでシュペーマンは保守主義者としての論点を提示している。実際、彼は性や生殖をめぐる倫理問題については、かなり強固な保守主義の立場をとっている。保守系の全国紙『ディ・ヴェルト Die Welt』に掲載されたインタビュー「『複数の中での一つの進歩』という考えに立ち戻る」というインタビューで、シュペーマンは「ドイツの緑の党があなたをお抱えの哲学者にまだ選んではいないことを、あなたはどう説明されますか？」という挑発的な質問に応じてこう述べている。「彼らは、一方では天然資源を責任ある仕方で倹約的に取り扱うことを標榜しようとしていたのですが、他方では、過去二〇〇年間続いた解放のプログラムを平然と続行しています……」

（七八頁）。「解放のプログラム」というのは、倫理的制限を取り払って最大限の人間の自由を保証し、欲望を解放しようとする啓蒙主義思想の考え方を指すものだろう。

具体的な例をあげてほしいと問われて、シュペーマンは人工妊娠中絶と人工授精をあげている。彼はこれらに断固、反対なのだ。これについては多くの異論があげられよう。だが、こうした医療や生命科学の倫理問題を考える際、近代に助長された「自然と生命に関する無関心」に十分注意する必要があるとする、次のような論点はもっと賛同者が多いだろう。

> 近代科学は、初めから傲慢な計画でした。つまり、自然的存在それ自体が、目的志向的な形態を持っていること、従って自然的存在にとって、人間が敬意を払わねばならないような事態が重要であることを、近代科学は体系的に度外視していました。代わりに、人々は自然を徹底的に客体化することを憚らず、そしてこの対象化はこの支配の主体である人間をもまた容赦しませんでした。人間が自分の知的行為に至るまで様々なものを、試みに生物学的仮説の対象とするとき、これが意味するのは、主体という自らの身分を雲散霧消させるということです。（八三—四頁）

より詳しい論述は最初の論文に見られる。「我々にとって、自然の全体的な連関は、コントロールできる介入が可能な対象ではない」。人間の健康や幸福を決める諸条件を私たちは定義できない。たとえば「我々は、人間の栄養摂取に役立つような動物や植物の一覧をあらかじめ作成できない、なぜなら我々は、今のところは無意味だけれども、動植物にまだ隠されている栄養摂取や治癒の可能性を知らないからである」(三二頁)。種の多様性が減少すればその可能性も減る。ある鳥が絶滅したと知ると悲しいのはなぜか。自分とはとりあえず関係のない現実の豊かさが、実は人間の幸せに深い関係がある。「我々が、今のところ知覚し認知し享受できるものに世界を切り詰めることは、あらゆる享受を破壊するだろう」(三〇―一頁)。

生態学(エコロジー)的なシステム論は、知の限界を超えたものに開かれた態度をとるべきことを教えている。つまり人間は自然の豊かさを知り尽くせないと自覚する必要がある。そもそも「科学の進歩」は自然がつねに人知を超えているからこそ可能なのだ。「知りうるものや見えうるものが、常に、事実として知られているものや見られているもの以上のものだと知ることは、人間が世界に精通するための一つの条件である」(三一頁)。「人間中心主義的視点を乗り越え、生けるものの豊かさに対し、それ自体価値あるものとして敬意を払うことを学ぶ場合にのみ……現代人は、人間らしい存在の基盤を長期的な視野で確立することができるだろう。人間中心主義的な機能主義は、最後には人間自身を破壊してしまうのだ」(三六―七頁)。

現在の観点から科学が短期的な経済的利益を追求することが、将来の世代の可能性を奪う場合がある。今知っていることに基づき、自然を思うさま今の人間に役立つように利用しようとするのが「人間中心主義的な機能主義」だ。これは英米倫理学で優勢な功利主義が免れにくい短所でもある。シュペーマンは知られざる自然の豊かさの感知を「自然に対する宗教的な関係」とよび、こうした意味での宗教性が倫理を成り立たせる基盤だと見ている。原発は今現在の人間の欲望や希望に優先権を与え、まだ見えていない事柄、まだ分からない領域を軽んじる態度と切り離せない。こうした態度が巨大な損害をもたらすことを、福島原発災害によって日本人は思い知らされた。今後、「持続可能性」や現代科学技術の倫理について論じるときには、こうした態度への問い直しを忘れるわけにはいかない。その際、「自然に対する宗教的な関係」とよべるような視角が必要だとシュペーマンは言う。よく吟味してみるべき捉え方だと思う。

池内 了

科学の限界

筑摩書房、ちくま新書、二〇一二年刊

本書はこう書き始められる。「二〇一一年三月一一日に起きた震災と原発災害は、現代の科学・技術における限界を露呈した。現代の科学技術はあの巨大な地震・津波にまったくたちうちできなかった。原発災害に至っては、科学技術こそが未曾有の災厄をもたらす大きな要因となった。こうして「科学や技術が人々の生活や生産力を向上させる効用だけでなく、事故や災害を通して大きな災厄を生むという現実、つまり科学・技術には二面性が内在していることをも明らかにした」（七頁）。

甚大な被害そして苦しみ悲しみがもたらされた。だが、それは貴重なレッスンともできるはずだ。高い授業料を払ったが、科学技術の限界をしっかりと目に焼きつけたのは大きな経験だ。「特に問題とすべきなのは、科学者・技術者の社会的責任であるだろう。科学者・技術者は自然を改造することによって、あたかも神の代理人であるかのごとく振る舞い、人々に幸福を分配すると自認する役割を演じてきた」(八頁)。その過剰な自信は打ち砕かれた。「科学や技術に「絶対」はありえず、常に現実との妥協の上で機能させている事実を忘れ、社会に対し安易に安全を保証してきたことの責任が厳しく問われねばならない」(同前)。

このように書き出されているが、本書は必ずしも東日本大震災や原発災害に関わる「科学の限界」だけを問おうとしたものではない。広く自然科学の現状を見渡しながら、多面的に「科学の限界」が問われている。

第一章では「科学の終焉」を唱えるジョン・ホーガンの論が紹介され検討されている。二〇世紀中を通して、科学研究者の数、論文数、研究資金は指数関数的に増加してきた。だが、その割に重大な事実の発見は乏しい。すでに見出された事柄の回りで似たような事柄に取り組んで業績を稼いでいるが、二〇世紀の後半以降、パラダイムを覆すような「科学革命」的発見はなされていないという。トーマス・クーンの用語を用いれば、既存のパラダイムの中での応用問題や微修正を繰り返す「通常科学」に終始している。これがホーガンの主要な論点だ。もちろん、反論はいくらもできるだろう。だが、「衰退」の徴候がないかどうか、科学者はよく振り返ってみる必要があると著者は論じている。「科学の限界」が問われる所以の一つだ。

第二章「人間が生み出す科学の限界」では、科学も人間による行為であることに由来する限界が問われている。思い込みや利益に引きずられて誤ることもある。自説を正当化しようとして欺瞞が入り込むことも、通説に反対する立場に固執するような傾向も頻繁に見られるものだ。

第三章「社会が生み出す科学の限界」では、科学が国家や経済利害に組み込まれるようになったことに由来する限界について述べている。一九世紀半ばまでは「科学のための科学」という態度が主だったが、次第に「社会のための科学」の性格が強まり、ひいては国家に隷属するかのような事態も生じている。また、科学の商業化も進んできた。経済的利益が得られる分野に研究が集中し、経済的利益に直結しない研究が疎かになる傾向が強まっている。

第四章では「科学に内在する科学の限界」が論じられている。もっと解明したいと思っても、それ以上は先に進めない限界が出てきてしまう領域が増えている。素粒子論レベルのミクロの世界の解明のために国際的に巨額の資金を投じて原子核実験用加速器を作ってきたが、それも限界がある。複雑系を分析するために、さまざまな計算や装置を用いシミュレーションを行ったりする。だが、多くの仮定を織り込んでいるために現実への適用が困難なことも少なくない。たとえば、三・一一の前と後では、原発のリスクの計算はまったく違ったものになってしまうといったことも起こる。

以上の三章では、現代科学に対する豊富な知識に基づき、「科学の限界」をどう考えるべきか、自然科学に疎い素人にも分かりやすく説明がなされている。科学者による一般向けの解説書だが、そのスコープは大変広く、現代科学が抱える諸問題への深い洞察が背後にある。素人が科学について学ぶことの重要性が如実に実感できる叙述がなされている。だが、本書の圧巻というべき部分は、第四章の後半から第五章「社会とせめぎ合う科学の限界」、第六章「限界のなかで――等身大の科学へ」と進む後半の三分の一の部分にある。

第四章の最後の部分で、著者は次のような論述によって「トランス・サイエンスの問題群」を取り上げる。

さまざまな科学に内包される限界を述べてきた。それらの限界を認識すれば、すべてを科学に頼るのは危険であることがおわかりだろう。現在は、トランス・サイエンスの時代と言われる。科学に関わっているが、科学のみによっては解決できない問題のことで、その解決のためには科学以外の論理を持ちこまれねばならないのだ。それを科学を越えた(トランス)問題と呼んでいるのである。それは科学の限界に由来する場合があるとともに、科学以外の論理の方がより有効に働く場合もある。(一四四頁)

続いて、著者はトランス・サイエンスの問題領域を四つに分けて説明している。「一つは複雑系の科学に関わる問題で、現時点では不確実な科学知しか得られない。この場合、科学に頼ることができないのは当然である」(一四四頁)。たとえば、地震の予知には限界があるので、そのことを踏まえた対処が必要になる。

「二つ目は確率・統計現象に関わる問題で、科学では一般的傾向は明らかにできても、個々のケースに対する結果を明示してくれるわけではない」（一四五頁）。このよい例はリスク評価だ。「ガンの手術の成功確率がわかっても、実際に手術を受けるか否かは本人がさまざまな事柄を考え合わせて決心しなければならない。科学の知見は参照するのみで、具体的な選択は科学以外の事情が考慮されて決まってくる」（同前）。

「三つ目は「共有地の悲劇」が予想される問題である」（一四五頁）。「共有地の悲劇」というのは、生態学者ギャレット・ハーディン（一九一五—二〇〇三年）が提出した喩え話だ。共有地に多くの羊を飼うことが利益だとしても、羊を増やしすぎるとそのために共有地は荒れて使えなくなってしまう。では羊の数をどこで止めるのか。「科学的にはこの共有地が持続するために飼える羊の数は何頭までとは言えるが、ではどうすべきかについては科学は無力である」（一四六頁）。これは要するに「持続可能な社会をいかに建設するかの問題になる」（同前）。

「四つ目は、それによって利益があることは予想されるが、始めから本来的に反倫理性が予想される問題である」（一四六頁）。

例えば原発は、安定して多大な電力を供給してくれるという大いなる利益があることは明白だろう。しかしながら、過疎地への押しつけ、作業員への多大な放射線被曝の押しつけ、放射性廃棄物の子孫への押しつけ、という反倫理性から逃れることはできない。利益を受ける者が被害を受ける者に「押しつける」という人間の非対称が前提となっているのだ。利益と弊害は科学の所産に付きものだが、その弊害が反倫理性にあるという点に特徴があると言えるだろうか。（一四六―七頁）

このあたりから本書は倫理学に立ち入る。福島原発事故があって、こうした問題はきわめて身近な事柄として理解できるようになったものだ。その行為の結果、利益を受ける人の数と幸福の量とが多ければ、不利益を受ける人がいてもそれは良いことだという功利主義の倫理では不十分だ。そこから倫理的な考察や討議を深めていかなくてはならないだろう。多数者に利益が上がるからといって、少数者にガマンを押しつけることはできるのか。「人体実験から得られた知見は多数の人間に適用できて利益があるのだが、人間の倫理として禁止されている。ならば、死が絡まない限り、多くの利益が予想されるとき反倫理性は許容しなければならないものだろうか」（一四七頁）。

こうしたトランス・サイエンス問題を解きほぐしていく際、どのような論理が役立つか。ここで著者は、「科学の限界を補完する論理」をいくつかあげている。現代の応用倫理でしばしば取り上げられる問題に関わるものだ。

第一は「通時性の論理の回復」だ。近代人は今生きている人間の権利を尊重する原理を打ち立てた。共時性の重視だ。だが、封建社会で尊ばれた先祖や子孫との連帯が忘れられる傾向が生じた。通時性を回復するとは、「今」中心主義を越えていくことだ。とりわけ広い意味での子孫、つまり「未来世代に対する現代人の倫理的責任」を重視しなくてはならない。

第二は「予防措置原則」だ。現代社会は自由競争至上主義の時代であり、早い者勝ちの世界となり、科学者は一刻を争って先陣争いにしのぎを削っている。だが、これはまともな人間らしい行為のあり方だろうか。著者のいう「予防措置原則」はこうした科学のあり方に歯止めをかけるような原則として思い描かれている。

人間の健康や環境への悪影響や危険性が予想される事柄については、(たとえそれが実際に証明されていなくても)予防的に臨むという原則のことだ。予防的とは、禁止する、小さな基礎実験に留める、いつでも止められ原状に引き返せる、安全への手だてを常に準備しておく、などであろうか。問題によって対応は異なるだろうが、おそるおそるにしか進まないという態度である。(二四九頁)

最先端の科学業績をあげようとして「スピード感」をいつも忘れない科学者が聞いたら、飛び上がるほど驚くかもしれない。だが、倫理にかなった本来の科学とはこうした「スロー原則」にそったものだと著者は主張している。

第三は「少数者・弱者・被害者の立場を尊重する論理」だ。「最大多数の最大幸福」を掲げ、「勝者で利益を多く占有する多数派を優先する」（一五一頁）結果を招くのが功利主義の欠陥だ。ここにはこれを是正する視点が示されている。人々は多数派に「乗り遅れまいとして後に続き、より多数な集団を形成する結果になる。すると、それなりに欲望は充足されたかのように錯覚し、「お任せ民主主義」に堕していく」（一五一頁）。「そこでは、少数者・弱者・被害者は切り捨てられていくのが通常である。それによって取り落としている事柄がたくさんあるだろう。倫理性を無視し、利己を優先している側面もあるに違いない。それらは少数者の立場にならなければ気づかないのである」（一五一—二頁）。

第五章、第六章では、今、現実の社会に生起している問題が取り上げられている。焦眉のトランス・サイエンスの諸問題に、第四章で提起されたような補正の論理がどのように適用できるかの応用問題と見てよいだろう。たとえば、バイオテクノロジー問題だ（一七〇頁〜）。遺伝子セラピーが例にあげられている。すでに受精卵の遺伝子テストで病気の因子のある受精卵を排除したり、男女の産み分けをしたりすることができる。

今後進展しそうなのは生殖系列遺伝子操作で、卵子の遺伝子を直接操作するからクローン人間の作成も可能となるだろう。それだけに留まらず、遺伝子地図が完成して人間の全体像が明らかになれば、遺伝子改変によってデザイナーベビーの誕生も可能となる。いわば人間の

品種改良で、神に代わって人間の生命を根本的に変えてしまうという時代が来るかもしれないのである。(一七一―二頁)

こうした点で倫理に背く科学はすぐそこまで来ており、すでになされているかもしれない。「科学の限界」を無視してどんどん進んでいくのが現代科学の実状だ。第四章であげられている三つの補正の視点は、歯止めに役立つ可能性をもつ倫理的視座を示すものだ。これらを練り上げていく作業を急ぎ進めていかなくてはならない。倫理的歯止めの論理を整える作業は「スロー」に進めるというわけにはいかないかもしれない。

第六章で著者は、「科学の限界」を自覚した上で、進められるであろう未来の科学を先取りすべく、「等身大の科学」、「人間を大切にする科学」という語を提示する。そして、「事実を正直に公開すること」、「真実に忠実であること」など、科学者の倫理の基本もそれに関連づけて示されている。このような基本的な倫理性さえ見失ってしまったのは、マンモス化した科学の弱点だ。

著者のビジョンはこういうものだ。「私は逆に身の丈に合った科学、つまり「等身大の科学」を推進すべきであると思っている。それはサイズとして身の丈の対象を扱うのだが、あまり費用がかからず、誰でも参加できるという意味でも等身大である科学のことである」(一八九頁)。アメリカの生命倫理学者で元分子生物学者のレオン・カスの言葉を用いれば、「もっと自然な自然科学」と言い直すこともできるだろう(『生命操作は人を幸せにするのか―蝕まれる人間の未来』日本教文社、

二〇〇五年、Leon Kass, *Toward a More Natural Science*, Free Press, 1988)。

三・一一以後、私たちは被災者の生活実感や切実なニーズにほど遠い科学のあり方を見せつけられてきた。多くの科学者は、大きな予算で研究機関のランク付けに役立つ科学業績の生産に日々しのぎを削らなければならないのが実状だ。だが、その時、今ここで科学の助けを必要としている人々は置き去りにされている。たとえば原発災害の被災者の健康への配慮はできるだけ小さくし、最先端医学研究の発展に巨費が投じられている。

著者のビジョンを私なりに言い換えて「人間の顔をした科学」の実現を目指したい。これは理系、文系を越えてあらゆる学術にとっての最重要課題の一つではないだろうか。

影浦 峡

信頼の条件——原発事故をめぐることば

岩波書店、岩波科学ライブラリー、二〇一二年刊

福島原発災害では科学者(広くは文系の学者も含めて研究者)や専門家の責任が問われている。科学者や専門家の信頼が失墜したことも確かだ。そのために、日本社会全体が信頼感の喪失に苦しんでいる。科学者・専門家の倫理が問われているといってもよいだろう。では、科学者・専門家が問われるべき責任の内実は何か、信頼を失墜した理由は何か。それは必ずしも明らかでない。そうであれば、何をどう改めていけばよいのかの見通しが立たないことになる。

情報学やメディア論を専攻する影浦峡氏の『信頼の条件—原発事故をめぐることば』は、この問題に挑んで鋭い考察を行っている。まずは、まとまった論点が提示されている第二章から第四

章までの論述を私なりに紹介していこう。

第二章「事実としても科学としても誤った発言の跋扈」では、「科学者」と「専門家」を区別し、独自の意味をもたせていて啓発的だ。科学者は「新しいことを探求し、自分の発言に挙証責任を負う人」とされる。科学者は「新しいこと」に開かれているとともに、他者の探求に寄与できるように情報を提示するという意味でも開かれた論を行う者と理解されている。科学が元来もっていた倫理的な側面を掬い上げている。他方、専門家とは「ある領域に関してこれまでに解明された知識や技術、ノウハウを十分に有している人」（一三頁）とされる。

「科学者」は他者や新たなものに開かれた姿勢で向き合いその結果に責めを負う者だが、「専門家」は既存のものに習熟している限りで責めを負う者だ。著者によると、福島原発災害で露わになったのは、「専門家」ではあっても「科学者」の姿勢に欠けた人たちが科学技術に関わる公共政策を方向づけてきたということだ。つまり「科学者」が「専門家」であることに満足してしまう現代という捉え方になる。

原発推進の過程と原発災害後の状況のどちらにおいても、新しい事柄に向き合わず、自らの前提を問い返さない専門家が目立ち、閉ざされた論が当たり前のように行われてきた。影浦氏が引く小咄を読むと、原発災害の例がすぐに思い浮かんでしまう。「わたしのかかりつけのドクターは、とてもいい人でね……手術が必要だと分かって、でも患者はその費用がどうにも払えないって場合、彼は逆にレントゲン写真のほうを、きれいに修正してくれるんだ」（二八頁）。

たとえば、原子力工学の大橋弘忠東大教授の発言。「事故のときどうなるかというのは……起きもしない確率についてやっているわけですね。皆さんは原子力で事故が起きたら大変だと思っているかも知れませんが、専門家になればなるほど格納容器が壊れるなんて思えないんですね」（一五頁）。また、国会事故調報告書によると「安全委員会は……全交流電源喪失の可能性は考えなくてもよいとの理由を事業者に作文させていた……」（三〇頁）。影浦氏はこれを「循環論」、つまり「結論から遡って議論を構成する循環的な議論の形式、それを成り立たせるために結論にそぐわないことについてはなかったことにするような立論」（二六頁）と特徴づけている。結論に合わせて「事実」を作る「専門家」がいる。「専門的知識」に従って、それによっては説明できない新たな現象が排除される構造になっている。水俣病でも同じようなことが起こった。水俣病の患者とともに真実を明らかにしようとしてきた医学者、原田正純は言う。

一般的に定説と言われるものは、多くは仮説である。ある時期までの研究によって得られた結果でしかない。それは常に、新しい事実によって変革され、書き直されるべきものである。しかし、しばしばその定説が権威をもつと、それを守ろうとする権威者が出てくる。そうした発想は、権威を守ることに執着するだけでなく、新しい事実や発想に蓋をしてしまう作用をすることになる。何の疑いもなく権威を守り、新しい事実に目をつぶること、それは真の権威ある者、医学（科学）するものの態度とは言えない。（三五―六頁）

水俣病などのさまざまな公害や原爆による被害は人類が初めて経験することだ。影浦氏はこう論じる。「人類がはじめて経験する事件であるということは、もともとどの教科書・研究書にも実験データも経過の記録もないということを意味する。したがって、こうした事態にははじめから対処しうる専門家などはいないはずなのである。（中略）問題は人類初の経験であるという謙虚さを、専門家がもっているかどうかである。事実を知らないいわゆる専門家が謙虚さを失った時、どれほど社会に弊害を残すことだろうか」（三六頁）。

謙虚は科学を支える重要な徳だ。だが、この徳を忘れて専門家の権威を振り回す人が多い。放射線の被害はないはずだ、これぐらいの放射線は安全だという医学者はその典型例だ。もっとも心理学者がいう「仮説確証バイアス」（三五頁）は広く見られる。対立のあるところでは双方に生じがちで、放射線の安全性については慎重派も免れない。だが、原発では強大な構造的組織的力が加わり、新しいものに開かれていく科学の働きが作動するのが未だに困難なままだ。

第三章「社会的に適切さを欠いた発言はどのようになされてきたか」では、「科学の社会性の自覚」という視点から問題が捉えられる。ここでは、科学者が専門的知識を市民に伝えているつもりだが、実は社会的判断に深く関わり強い立場性をもった発言をしているのにそれに気づいていない（ふりをしている）例が取り上げられている。

二〇一一年三月一九日の日本産婦人科医学会会長声明は今から見ればまったくの誤りだが、当時でも不確かだったことを分かっているかのように述べている。「レベル七であった史上最大のチェルノブイリ原発事故の時でも、約五〇キロ離れていれば、健康を守るには十分であった」とか「国からの情報は、多くの機関から監視されており、正確な情報が伝えられていると評価されます」などだ。だが誤情報を「素朴に」信じたということよりも、それに基づき専門家として他者によびかけ、そのことで専門性そのものを傷つけるような形で言明がなされていることがより大きな問題だと影浦氏はいう。これはもちろん「信頼の条件」に関わる。社会規範や共有されている価値に関して知識や思考、さらには討議が浅いままに、共有されていない自分の規範理解や価値判断が正当だと思い込んでいる例が引かれている。

地球産業技術研究機構理事長、茅陽一氏の「原子力と自動車の安全性」(日本原子力学会誌第五四巻八号、二〇一二年)にはこう述べられている。「原子力の損失が自動車利用の損失とさほど違わないものであることはたしかだろう」(四五頁)。だが自動車を止めろという人はいないではないかと。この論はおかしい。自動車と原子力の利用の違いは多々ある。原子力では被害者と加害者が交換できない関係にあること、被害を回避するのが困難であることなど。これは法的にも確認されてきた。たとえば学校給食の中毒をめぐる裁判では、「児童にはこれを食べない自由は事実上ないこと」、「学校給食を食べる児童が、抵抗力の弱い若年者であること」などをあげ、「学校給食には、極めて高度な安全性が求められている」(四七頁)との判決文がある。

ここでは〈被害を避けることができない弱い立場の人の生命を守るべし〉という社会規範が確認されている。「立場の非交換性と被害の回避困難性」は原発による放射線被害にあてはまるが、自動車事故ではあてはまるとしても度合いが相当に異なる。自動車は多くの人が加害者にも被害者にもなりうる事柄だが、原発ではそうではない。だから、立地に困り、立地候補地では必ずといってよいほど長期の反対運動が起こる。茅氏は自分がもつ科学的な知見の優位性を誇っているつもりだが、実は社会規範に踏み込み、それについて適切に扱えていないことを露呈してしまっている。

自分の専門領域の知見を展開して実は社会的規範に関わる言明をし、それが不用意かつ不適切だ。そもそもリスク論にはそのような錯覚をもたらす性質があるようだが、専門家側はそのことを自覚していない。影浦氏は「ある対象を捉えようとする際にそもそも不適切あるいは不十分な考え方や手法しか用いていないという意味で、非科学的なものです」（四八頁）という。社会常識に近い程度の社会的思考の欠落が自覚できず、そこまで科学的言明の延長と見なすのは、いうまでもなく非科学的な態度である。これは科学の徳としての謙虚さに反するものだ。適切な科学的思考は適切な社会倫理性と相即すると影浦氏は見る。

続いて、第四章「どのようにして信頼を支える基盤が崩壊したのか」とそれに先立つ「インターミッション」では、本書の表題の「信頼の条件」が正面から扱われている。第二章、第三章の主題である「倫理」から「信頼」へ焦点が移るが、結局は同じ問題だ。専門家の倫理性が崩れてしまっているために、専門家（と専門家に依拠する側）が正当性を欠いた力を市民に行使する事態を招いており、「信頼の条件」そのものを掘り崩しているということだ。

影浦氏は情報学の理論を用いて「信頼」を構成する諸要素について論じている。ふつう信頼は、力を行使する側に「クレディビリティ」（信頼できるだけのもの）があり、その影響を受ける側の「トラスト」（信頼する姿勢）が生じるところに成立する。その場合、重要なのは行為と言語情報とが照応することだ。言語情報の形式的整合性があっても文脈と内容的に合わないと信頼は崩壊してしまう。クレディビリティがあってもなくてもなお信頼が成り立つのは「フェイス」（信仰）だ。クレディブルな情報を提示していないのに「信頼」してくださいという言葉が発せられれば、「トラスト」ではなく「フェイス」を求めていることになる。

二〇一一年三月一九日の日本産婦人科学会会長声明では「国からの情報は、多くの機関から監視されており、正確な情報が伝えられていると評価されますので」とあるが、これは誤った（クレディビリティに欠ける）情報だ。だが、それに続いて「誤った情報や風評等に惑わされることなく、冷静に対応されますようお願い申し上げます」と一般市民に呼びかけている。この発信行為の実質内容は、国はクレディビリティがあり問題はトラストやフェイスを失っている市民の側にあるとの訴えだが、国にクレディビリティがあるという自らのクレディビリティの低さを裏書きしてしまっている（七二頁）。

二〇一一年七月八日に東京大学文学部で行われた緊急討論会「震災、原発、そして倫理」での哲学者、一ノ瀬正樹氏の発言――「まだphysicalな被害がほとんど顕在化していないにもかかわらず、なぜ人々はここに不安を抱くのだろうか」――について、影浦氏はこう批評する。「このような発言は…危険性のある、あるいは不当な状況が現実に存在してしまっていることという、本来扱われるべき問題を隠蔽し…不安の原因ではなく、不安そのものを問題視します」（七六頁）。確かな科学的情報が欠けているという事実には蓋をして、トラストを失って不安を抱く市民に問題ありと示唆する発言だ。専門家に疑いをもつ市民に不当に責任を被せているのだが、それが社会行為として不適切であることに気づいていない。

それはまた、不安の原因に注意し、適切な対応をとることから注意を背けさせる効果をもつ。もう一つ環境省の「放射性物質による環境汚染情報サイト」からの例を引こう。「一方、子どもや妊婦の被ばくによる発がんリスクについては、一〇〇ミリシーベルト以下の低線量被ばくでは、発がんリスクの明らかな増加を証明することは難しいとされています。しかし、一〇〇ミリシーベルト以下の低線量被ばくであっても、住民のみなさまの大きな不安を考慮に入れて、子どもや妊婦に対して優先的に取り組むことが適切です」。この「しかし」は「ですから」とすべきものだし、「住民のみなさまの大きな不安を考慮に入れて」は不適切だと影浦氏は言う（七八頁）。

ここでは「専門家」は「本当は対策をとる必要はないのだけれども、不安がる住民がいるから恩寵としてやってやろう」と述べていることになる。責任は国の側にはなく、不安がる市民の側にあるとする「倒錯した態度がまかり通る状況が作り上げられてしまう」。クレディビリティを回復する措置を取り、それにふさわしい言葉を述べるのではなく、トラストできないことに問題があるとして、トラストを強要し（フェイスを求め）ている。このように「信頼の喪失は市民／被害者の側の問題だとする効果をもつようなかたちで発言がなされる状況では、個々の発言の内容をめぐる信頼だけでなく、信頼そのものを支える基盤が社会の中で失われるのも無理はありません」（七九頁）。

第二～四章で述べられていることをまとめてきたが、第一～五章までで総合的に述べられていることは何か。力を行使して問題を起こした側のクレディビリティ喪失を認めず、市民の側の「不安」に主要な問題があるとする専門家が権威を行使し続けている。社会がそのことを容認し倫理的に疑わしい言説がまかりとおることになった。個別のコミュニケーションにおいて信頼喪失が深まるだけでなく、社会状況において広く「信頼の条件」が失われていく結果を招いている。科学の倫理性の喪失（第二章）、科学情報に関わる社会倫理的な自覚の欠如（第三章）が基礎にあるが、それを社会が支えてしまっているために、「信頼の条件」そのものが崩れてしまっている。科学の倫理性の欠落、社会倫理性の自覚の欠如は、力を行使する側が信頼の条件を失った原因を省みる姿勢の欠如と不可分だ。

私なりの説明を足しておくが、「不安をもつな」、「トラストをもて」という専門家、あるいはそう述べる専門家を支持する人々は、災害や汚染を起こした側との自覚をもっていないことが多いし、その意味での加害者側とは言えないだろう。だが、疑われている分野の専門家の権威によって、あるいは専門家の権威に乗って危うい情報を発しているということでは社会倫理にふれる行為をしてきている。専門家のクレディビリティが失われたという事実を認知できないか、認知してもそのことを軽んじて否認しようとしているのだ。
（一）リスクや安全性に関わる科学の倫理性、（二）科学が社会規範・社会的判断に関わる際の倫理性、そして、（三）そのことが社会的な「信頼の条件」そのものを掘り崩している状況について、本書は鋭く分析している。

では、どうして原発においてこのような事態が生じるのか。多くの人に被害を及ぼす可能性があるが、その被害が見えにくいこと、また受益者と潜在的な被害者が切り離されがちであること、そして巨大な政治的経済的利益がからんでいるために情報が隠され真実が見えにくくされていることなど、原発がはらむ特有の性格と大いに関わっている。

本書では水俣病の例が引き合いに出されていて効果的だ。原発問題は確かに公害問題と関わりが深い。だが、全国家的な力（政官財学報の各界、さらには司法界）、また、核保有国を中心とする国際的な力、あるいはグローバル社会の利害関係が深くからんでいるという点では独自のものだろう。これほどまでに多くの専門家の信憑性の欠如が露出し、にもかかわらず政治的に擁護されている事態は、こうした歴史的背景から説明できる部分が大きいだろう。著者はそうした歴史的構造的文脈から論じることはしていないが、そうした論と結びつけることで、本書の鋭利な分析からさらに大きな力を引き出していくことができるだろう。

Ⅱ　ともに生きる

災害の苦難に耐え、復興に向かっていく際に、さまざまな縁や助け合いが大いに力になった。三・一一後には「絆」という言葉に人々の願いが託された。他方、「いのちのつながり」を脅かす力が実感され続けている。そもそも原発災害はそうした力の暴発でもあった。現代社会には大規模な経済発展のために、人と人、人と自然のつながり、また「ともに生きるいのち」を脅かす傾向が潜んでいないか。それを超えていく歩みは可能なのだろうか。

原田正純

水俣病

岩波書店、岩波新書、一九七二年刊

東日本大震災で文字通り巨大な揺さぶりにかけられた二〇一一年の日本社会だが、その「震源」の相当部分は「科学技術の倫理」という問題に関わっている。原子力発電所は何重にも「安全」が守られていると唱えられてきた。ところが福島第一原子力発電所の津波に対する対策はきわめて脆弱だった。津波に対する対策は十分立てられているかという問いに対して、質問が投げかけられていたのに対して、東京電力はそれを無視していた。

それだけではない。そもそも安全最優先のはずの原子力発電所だが、設計の段階から施工、そして運転開始後、最近に至るまで、人のいのちを尊ぶとはとうていいえないような無数の決定と行為が積み重ねられてきたことが明らかになってきた。想定を超える大地震であり巨大な津波だったから、多くの人々は東日本大震災は天災だと感じている。だが、福島原発事故については人災であることを否定する人は少ない。

事故発生後の政府、東電、科学者、マスコミの対応にも批判が集まった。危険を回避するための対応が遅れたこともさることながら、危機的な状況であることの真実を伝えずにひたすら「安全」を繰り返す原子力工学者、そしてそれを鵜呑みにして伝えるメディアへの不信も高まった。経済産業省（旧通産省）、文部科学省（旧科学技術庁）、関連企業（東電）、原子力工学者らが「原子力村」という仲間内の世界を固め、無責任体制を作ってきた。それが事故の一因でもあるし事故処理の遅れにもつながり、国民を欺く情報隠蔽、責任不在の体制にもつながった。そう批判されている。

放射性物質による健康被害についても科学者とメディアの情報提供のあり方が不信を招いた。放射線医学者や放射線健康影響の専門家は、ひたすら「安全」を強調した。放射性物質が飲料水や食物に多量に混じっている場合、出荷規制や摂取規制がかけられる。その際、放射線の専門家とメディアは繰り返しその危険はほとんどないと述べた。「直接、健康に影響はない」と繰り返すのだが、では、どのぐらいの量になると影響があるのかは述べないのでますます不安を招いた。また、福島県の住民に対して、地表や土壌に含まれるセシウムなどの放射性物質の線量が通常の規準を大きく超えている場合も、「安全」だと繰り返したために、地元住民の信頼を失うというようなことも起こった。

原発をめぐる役所、企業、学者、メディアの態度は住民の健康を軽んずるものとして多くの批判を浴びたが、こうした事態はまったく新しいものではない。住民の健康を軽んじ、情報を隠蔽して特定グループの利益を守り、それが日本経済全体の利益だとされて政府や官庁の支持するところともなったという点では、一九六〇年代の公害問題、とりわけ水俣病の問題がよく似た構造をもっている。水俣病事件を振り返りその光の下で福島原発事故を振り返ってみると、科学技術開発の倫理について得るところが多いのではないだろうか。

そこで手に取って読み直したのが、精神科医として水俣病に深く関わることになった原田正純のこの著書だ。原田は医師となってすぐに水俣病と関わるようになり、水俣病の患者のために戦いながら医学研究を深めていった。二〇一一年の日本国民が東京電力の無責任ぶりに驚いたのと同様、当時の国民はチッソ株式会社（六〇年代当時は、新日本窒素肥料株式会社）の無責任ぶりに驚いた。だが、そうなるまでには重要な情報を隠し責任を逃れようとするチッソ、そしてチッソを守ろうとする政府・官庁や学者と戦い、被害者とともに病因を突き止め、チッソの責任を明らかにしていった医学者や他の学者、市民、労働組合、そして患者自身の辛抱強い活動、運動が必要だった。

一九三四年生まれの原田が七二年に著したこの書物だが、水俣の被害者たちとともに病気・障害と、また科学技術はどうあるべきか、医学はどうあるべきかについて倫理的な緊張感のある密度の濃い記述がなされており、今読んでも学ぶところが多い。過失を犯して住民を苦しめた責任をもつ企業や、その企業を守ろうとする役所や学者ができるだけ企業や国の責任を軽くしようとして欺瞞を重ねる様子が描かれている。情報の隠蔽やごまかしが度々行われた。他方、住民の側は必ずしもそれを追及しようとはしない。むしろ水俣病であることを隠そうとし補償金が得られるようになってさえ、それを否定する人がいる。障害を認めれば免許がとりにくくなるのではないか、差別を受けるのではないか……、あらゆる懸念が湧き上がる。

そもそも原田のような大学の学者が患者の気持ちを理解するのは容易ではなかった。現地に赴くまではなかなか本音を言わない。そのことをいぶかりつつ、原田は大学の研究室を出て「水俣通い」をするようになる。

……最初のころは患者家族たち、とくに母親から、強い不信、怨みの激しい言葉を浴びせられたものである。大学から来たというと、だれでも感謝してくれるとぐらいにしか思っていなかった私たちにとって、それはショックであった。大学病院という権威を借りて、「診てやる」という今までの姿勢が、不信へつながるあやまちであったことをしみじみと感じさせられたのである。市立病院で患者を診察するときに、一様にその母親たちが無口であったのも、心の中をみせなかったのも、その理由がこうしてわかったのであった。（七七頁）

こうした経験の積み重ねを通して、原田は患者自身の生活と経験に即してその病態を理解していく方法を身につけていく。それが水俣病とは何かを解明し、患者への正当な補償のあり方を見出していく決め手となる。水俣病の典型的な症状とされるものと、それ以外の症状との関係を理解するのも容易ではない。それが分かるためには生活の場に赴いてその人の生活の全体をからだで理解する必要があるのだ。

残念ながら水俣病は脳全体に変化を起こすのであるから、その結果として、感情や意志の面の症状も無視できない。そのために、ひととおりの社会生活がうまくできなくなるような、さまざまな障害も見られる。ある患者は人を嫌い、閉じこもり、人を見ると逃げ出す。ある患者は感情の動きが激しく、ちょっとしたことで興奮する。あるいは無気力となり、あるいはなかには邪気深く、嫉妬妄想や被害妄想が出てきたりもする。このようなさまざまな精神の面での障害も、きわめて深刻である。その実態はいまだ十分に明らかにされてはいない。それらの障害は生活の場においてでなければ、なかなかとらえにくいものであることも事実である。（二二九―三〇頁）

ところが、チッソ側は患者を分断した上で、補償額をできるだけ低い額に抑えようとし、その意向を受けて厚生省の補償処理委員会が斡旋案を提示した。それにそって患者は医師との短い面接でその症状の度合いを重症、中等症、軽症などと定められることになる。原田はこれについて、次のように述べている。

私は、結論的にはっきりいうと、法律や理屈をかざし、医学的症度で合理性を装ったこの斡旋の内容に、強い不満をもっている。失われたものが金に換算できないことはもちろんであるが、一日やそこらの診察や問診だけで、その障害の深刻さはとてもつかみきれるものではない。私は何も、公害病、水俣病だからという理由から、そういっているのではない。どんな場合においても、人間を、喜び、悲しみ、怒る、生きた人間としてとらえてもらいたいのである。（一三〇頁）

原田のこのような立場は従来の医学の枠を超えていく。できるだけ水俣病の認定を減らそうとする会社＝役所側と戦った患者の川本輝夫との出会いから得たものは大きかった。仲のよかった父を水俣病で失い自らも病に苦しむ川本は本質的な問いを原田につきつけていく。

物腰は静かで控えめであったが、目つきは鋭く、その内に秘めた闘志のなみなみならぬものを感じた。彼が問いかける訥々とした一つ一つのことばが、私の胸に鋭く突きささり、たえられない苦痛としてひろがると同時に、一方では、この男に負けまいとする反発をも感じた。

身をもって全生活をかけて水俣病とかかわりを持ってきた男と、大学の研究室からはるかに水俣病を見てきた人間との、どうしようもない距離、疎外感がなにものであるかを知らず、このとき感じた私の苦痛は、みずからが専門家であるという権威をおびやかされようとすることに対する危機感であったのかもしれない。（一三九頁）

原田にとって医学とは厳密に病因を確定していく実験室の作業であるとともに、患者がふだんの生活の中で表現していることを深い次元で理解し、ともに生きる意味を分かち合うような経験を含んだものだった。人間のからだも基本的にはモノとして見て、モノへの知識を拡充して、意識をもつ存在である人間のモノへの支配力を増加させていこうとする「科学」に対して、ここで考えられている医学は何か異なる知のあり方を示している。それは倫理の次元に関わることであり、科学技術開発が忘れがちであるが、忘れてはならない何かなのだろう。

私たちは、ある人間の障害の程度に、不用意に重症だとか軽症だとか差をつけることに慣れてきている。やはり、伝統的に私たちは身体機能の側面からその判断をする。つまり、寝たきりの人が、起きて歩ける人よりも重症だ、家にいる人が仕事に行っている人より重症だ、等々である。しかし、これは、私たちの医学が、人間を、一つの働く、あるいは労働する機械としてみてきた……歴史のせいであろう。こうした人間観を、医学者自身が変革しなくてはならないのではないか。この考えは、現在あるいは十分に支持されないかもしれないが、水俣病裁判の中でそのような主張をした人間がいたことは歴史にささやかに残ると思う。

（二二八頁）

福島原発事故の後の原子力工学者、放射線影響学者、医学者、その他の専門家の対応を見ると、著者の言葉はなおその新鮮さを失っていないように感じられる。科学者や専門家は、科学技術が暖かい心をもつ人間の行為であることを忘れがちで、重大な事故や公害が起こるまではそのことは隠されている。いや、多くの被害者が生じるようになってさえ、なおその欠陥を認めようとしないほどなのだ。科学技術がどうしてそのようなあり方に陥ってしまうのか――この書物を読む間に、何度も考え込んでしまう。

レイチェル・カーソン

沈黙の春——生と死の妙薬

青樹簗一訳
新潮社、新潮文庫、一九七四年刊
（初刊『生と死の妙薬』一九六四年、原著一九六二年）

一九〇七年生まれの著者は動物学を学び、アメリカ合衆国漁業局に勤務した後、四五歳で公職を退き文筆家となった。歴史的な意義をもつこの著書を著して二年後に亡くなったから著述家としての人生は短かったが、その名は広く知られている。科学者が広い視野から、自然と人間の関わりにつき深い洞察をもった著作を著す。このうらやましい伝統がアメリカにはある。五〇年経った現在も一般読者が読んでおもしろく、科学知識に親しめ、かつ自らの生き方や考え方を振り返るための示唆に富んでいる。環境倫理の古典だが、また現代文明への鋭い批評の書でもある。

文庫版解説の筑波常治も述べているように、この題は日本語では少々分かりにくいかもしれない。筑波は「ものみな萌えいずる春」という日本語を引き合いに出して、「ものみな死に絶えし春」という句を示している。これは第一章に「明日のための寓話」として記されている内容の要約としてぴったりだ。書き出しはこうだ。

アメリカの奥深くわけ入ったところに、ある町があった。生命あるものはみな、自然と一つだった。町のまわりには、豊かな田畑が碁盤の目のようにひろがり、穀物畑の続くその先は丘がもりあがり、斜面には果樹がしげっていた。春がくると、緑の野原のかなたに、白い花のかすみがたなびき、秋になれば、カシやカエデやカバが燃えるような紅葉のあやを織りなし、松の緑に映えて目に痛い。丘の森からキツネの吠え声がきこえ、シカが野原のもやのなかを見えつかくれつ音もなく駆けぬけた。（一一頁）

四季折々の花、鳥は人の目を楽しませ、澄んだ川には魚が泳ぎ釣りにくる人もいた。ここにはじめて人がやってきて家を建て、井戸を掘り、家畜小屋を建てたときから、こんな光景は続いてきた。

ところが、あるときどういう呪いをうけたわけか、暗い影があたりにしのびよった。いままで見たこともきいたこともないことが起りだした。若鶏はわけのわからぬ病気にかかり、牛も羊も病気になって死んだ。どこへ行っても、死の影。農夫たちは、どこのだれが病気になったというはなしでもちきり。町の医者は、見たこともない病気があとからあとへと出てくるのに、とまどうばかり。そのうち、突然死ぬ人も出てきた。何が原因か、わからない、大人だけではない。子供も死んだ。（中略）

自然は、沈黙した。うす気味悪い。鳥たちは、どこへ行ってしまったのか。（中略）ああ鳥がいた、と思っても、死にかけていた。ぶるぶるからだをふるわせ、飛ぶこともできなかった。春がきたが、沈黙の春だった。（一二頁）

これは「寓話」なので、実際にこんなことが起こっているわけではない。だが、確かにさまざまな生き物が大量に死んだり、人為により大幅に形を変えたりしている。人間が化学薬品や放射線を使って自然を変えてしまう。二〇世紀に入ってから、わずかの間に人間は愚かな自然改造を試み、「沈黙の春」、「ものみな死に絶えし春」をもたらそうとしている。

この地上に生命が誕生して以来、生命と環境という二つのものが、たがいに力を及ぼしあいながら、生命の歴史を織りなしてきた。といっても、たいてい環境のほうが、植物、動物の形態や習性をつくりあげてきた。地球が誕生してから過ぎ去った時の流れを見渡しても、生物が環境を変えるという逆の力は、ごく小さなものにすぎない。だが、二十世紀というわずかのあいだに、人間という一族が、おそるべき力を手に入れて、自然を変えようとしている。
ただ自然の秩序をかきみだすのではない。いままでにない新しい力――質の違う暴力で自然が破壊されてゆく。ここ二十五年の動きを見れば、そう言わざるをえない。たとえば、自然の汚染。空気、大地、河川、海洋みんなおそろしい、死そのものにつながる毒によごれている。（一四頁）

この汚染と毒をもらたした「新しい力」とはまず「放射能を考えるが、化学薬品は、放射能にまさるとも劣らぬ禍いをもたらして、万象そのもの――生命の核そのものを変えようとしている」（一四頁）。

核実験で空中にまいあがったストロンチウム90は、やがて雨やほこりにまじって降下し、土壌に入りこみ、草や穀物に付着し、そのうち人体の骨に入りこんで、その人間が死ぬまでついてまわる。だが、化学薬品もそれにまさるとも劣らぬ禍いをもたらすのだ。畑、森林、庭園にまきちらされた化学薬品は、放射能と同じようにいつまでも消え去らず、やがて生物の体内に入って、中毒と死の連鎖をひき起してゆく。（一四―五頁）

カーソンが焦点を当てるのは化学薬品、とりわけ殺虫剤や除草剤だ。第三章の表題でカーソンはそれを「死の霊薬」とよぶ。「考えてみれば、化学薬品が使われ出してから、まだ二〇年にしかならない。それなのに、合成殺虫剤は生物界、無生物界をとわず、いたるところに進出し、いまでは化学薬品によごれていないもの、よごれていないところなど、ほとんどない」(二五頁)。

どうしてこんな負担を背負うことになったのか。第二章「負担は耐えなければならぬ」では、この不条理にどう向き合えばよいのかと問うている。具体的な方策については最後に近い章で述べている。化学薬品すべてを止めようというのではない。自然の秩序に合致した賢い使い方をしなくてはならないというのだ。第二章ではその土台として「知ること」の意義について述べている。

土壌、水、野生生物、そしてさらには人間そのものに、こうした化学薬品がどういう影響をあたえるのか、ほとんど調べもしないで、化学薬品を使わせたのだった。これから生れてくる子供たち、そのまた子供たちは、何と言うだろうか。生命の支柱である自然の世界の安全を私たちが十分守らなかったことを、非難してやまないだろう。

どんなおそろしいことになるのか、危険に目覚めている人の数は本当に少ない。そしていまは専門分化の時代だ。みんな自分の狭い専門の枠ばかりに首をつっこんで、全体がどうなるのか気がつかない。いやわざと考えようとしない人もいる。またいまは工業の時代だ。とにかく金をもうけることが、神聖な不文律になっているのだ。殺虫剤の被害が目に見えてあ

らわれて住民が騒ぎだしても、まやかしの鎮静剤をのまされるのがおちだ。（二三頁）

「いまのままでいいのか」。そうでないとすれば、まずは事態を的確につかまなくてはならない。著者は、ジャン・ロスタンの言葉を借りて言う。《負担は耐えねばならぬとすれば、私たちには知る権利がある》（二四頁）。

第四章から第十二章へと、著者はまずは化学薬品について述べ、次いで環境と生物の種類を分けて汚染の実例を順に示していく。土壌、植物、虫や獣、鳥、川の生物、そして人間だ。その紹介は略す。その上で、著者は第十三章「狭き窓より」、第十四章「四人にひとり」で、化学薬品がどのように健康に作用するのかについての科学的知見を紹介している。化学薬品は生命作用の根源に害を及ぼす、とりわけ生殖細胞と染色体や遺伝子への悪作用が懸念される。

人類全体を考えたときに、個人の生命よりもはるかに大切な財産は、遺伝子であり、それによって私たちは過去と未来とにつながっている。長い長い年月をかけて進化してきた遺伝子のおかげで、私たちはいまこうした姿をしているばかりでなく、その微小な遺伝子には、よかれ悪しかれ私たちの未来すべてがひそんでいる。とはいえ、いまでは人工的に遺伝がゆがめられてしまう。まさに、現代の脅威といっていい。《私たちの文明をおびやかす最後にして最大の危険》なのだ。

ここでまた化学薬品と放射線が肩をならべあう。この両者の平行関係を無視するわけにはいかない。（二三四頁）

人間の健康が根本から損なわれてしまうだけではない。化学薬品によって人間が克服したはずの自然がかえってさらに人間を脅かす働きを示すようになる。ある生物種を駆除すれば生態系が変化するから、他の生物種にもさまざまな影響が及ぶ。その結果、別の克服困難な害が起こることもある（第十四章「自然は逆襲する」）。また、退治したはずの虫がさらに耐性を強めてくることもある。これこそダーウィンの進化論の理にかなったことだ（第十五章「迫り来る雪崩」）。

こうした問題になかなか注意が向けられなかった。環境と生物の関係に注目する必要があることに気づく優秀な科学者がいなかったわけではない。だが、彼らは少数者に止まった。化学的殺虫剤研究に携わる者がはるかに多かった。「どうしてまた、こんなことになっているのか。理由は簡単だ。化学工業の大会社が大学に金をつぎこむ。殺虫剤研究の資金を出すからなのだ。ドクター・コースの学生たちにはたっぷり奨学金があたえられ、魅力のある就職口がかれらを待ちうけている」（二五七頁）。今も状況は変わらない。

異なる道を見出さなくてはならない。すでにそのような試みは始められている。虫の害を抑えるにしても自然の均衡（バランス）を傷つけずにそうすることだ。

るかにむだなく行われている。》（二九一頁）

カナダの昆虫学者であるアルエットは、自分の人生観をいまから十年ばかりまえこのように言いあらわした――《私たちは、考えをかえなければならない。人間がいちばん偉いのだ、という態度を捨て去るべきだ。自然環境そのもののなかに、生物の個体数を制限する道があり手段がある場合が多いことを知らなければならない。そしてそれは人間が手を下すよりもはるかにむだなく行われている。》（二九一頁）

また、ＤＤＴがいかに害虫除去の手段として不適切であるかを示した、デンマークのブリーイエ博士はこう述べている。

暴力をふるうのではなく、できるだけ注意して自然のいとなみを人間の都合のよいように導くことこそ、私たちの目的でなければならない……。

私たちは心をもっと高いところに向けるとともに、深い洞察力をもたなければならない。残念ながら、これをあわせもつ研究者は数少ない。生命とは、私たちの理解をこえる奇跡であり、それと格闘する羽目になっても、尊敬の念だけは失ってはならない……生命をコントロールしようと殺虫剤のような武器に訴えるのは、まだ自然をよく知らないためだと言いたい。自然の力をうまく利用すれば、暴力などふるうまでもない。必要なのは謙虚な心であり、科学者のうぬぼれの入る余地などは、ここにはないと言ってよい。（三〇七頁）

最後の第十七章「べつの道」では、こうした考え方が一つの思想にまとめ上げられている。その要点を示すには次の箇所を引くのがよいだろう。

私たちの住んでいる地球は自分たち人間だけのものではない――この考えから出発する新しい、夢豊かな、創造的な努力には、《自分たちの扱っている相手は、生命あるものなのだ》という認識が終始光りかがやいている。生きている集団、押したり押しもどされたりする力関係、波のうねりのような高まりと引き――このような世界を私たちは相手にしている。昆虫と私たち人間の世界が納得しあい和解するのを望むならば、さまざまの生命力を無視することなく、うまく導いて、私たち人間にさからわないようにするほかない。

人におくれをとるまいと、やたらに、毒薬をふりまいたあげく、現代人は根源的なものに思いをひそめることができなくなってしまった。こん棒をやたらにふりまわした洞穴時代の人間にくらべて少しも進歩せず、近代人は化学薬品を雨あられと生命あるものにあびせかけた。精密でもろい生命も、また奇跡的に少しのことではへこたれず、もりかえしてきて、思いをよらぬ逆襲を試みる。生命にひそむ、この不思議な力など、化学薬品をふりまく人間は考えてもみない。《高きに心を向けることなく自己満足におちいり》、巨大な自然の力にへりくだることなく、ただ自然をもてあそんでいる。(三三一―二頁)

本書が出版されてから今年で五〇年だ。この間、ここで示されたような自然観にそってエコロジー的な知が展開してきた。さて、では現代における自然と科学と人間の関係は全体としてどうなっているだろうか。人類はこの五〇年の間、著者が述べたことに十分に耳を傾けてきたと言えるだろうか。

本書を読み返して感じたことだが、二〇一一年三月一一日の災害を通して日本人が学びつつあることと、本書で著者が述べていることの間に多くの重なり合いがある。カーソンに学ぶべきことが少なくない。私たちの「科学」はまだまだ「自然をもてあそぶ」あり方から遠ざかることができないでいる。いや、さらにその傾向を強めているのかもしれない。

鬼頭秀一

自然保護を問いなおす——環境倫理とネットワーク

筑摩書房、ちくま新書、一九九六年刊

この本は副題に「環境倫理」とあるように「倫理」を主題としているが、人間同士の関係への問いが表題には出ていない。倫理とは人と人との間の事柄だとすれば、倫理そのものの中核とは異なり、人と自然の関係が取り上げられていることになる。とりあえず倫理としては特殊な狭い領域を扱った書物と受け取られるかもしれない。

だが、実はそうではない。これが著者が本書で主張していることの一つだ。環境倫理は社会や経済に関わることであり、文化や宗教に関わる事柄なのだ。だが、もう一つ重要なポイントがある。それは「終章」にあるように、この書物は興隆しつつある「科学技術社会論」とよばれる学術領域に独自の観点から切り込もうとするものでもあるということだ。

二〇一一年に日本人は人間と環境の関わりについてじっくり考えざるをえない経験をした。言うまでもなく三月一一日の東日本大震災と津波による甚大な被害の経験である。だが、それに続く福島第一原子力発電所の事故による災害は、人間と環境の関わりを、現代の複雑な科学技術の作用と結びつけて考え直すことを私たちに強いている。

一九九六年に刊行された本書だが、二〇一一年の重く深い災害に苦しむ私たちに、大いに示唆するところがある。科学技術の発達が自然環境と人間の関わり方を大きく変えてきた。そのことは私たちにどのような影響を与えてきたか。この変化を理解することは、現代人の倫理や生き方に深く関わっている。

本書は短い序章と終章にはさまれた三つの章からなっている。第一章は「環境倫理思想の系譜」と題されており、主として英語圏、さらにしぼれば北米（主にアメリカ合衆国）で展開してきた環境倫理思想の歴史を扱っている。

人間が自然を支配することを善の源泉とするのではなく、自然それ自身の価値を見直して、人間の勝手な欲望への従属から守らなくてはならない。これが「自然保護」の思想だ。一九世紀のデイヴィッド・ソロー（一八一七―六二）に代表されるこうした思想は、その後さまざまな方向に分岐していく。

あくまで人間に主体性があって、人間にとって役立つ限りでの自然を「保護」するという思想も根強い。他方、そのような人間中心主義的な考え方を超えて、自然がそれ自身の価値をもつとする思想が育ってくる。「自然保護」(conservation) から「環境主義」(environmentalism) への変容と要約される。

新たな環境主義の思想の一つの形は「自然の権利」を主張するものだ。「動物の解放」を論じたピーター・シンガー(一九七三年)や、森林の法的権利について論じたクリソトファー・ストーン(一九七二年)はその代表的な論客だ。

だが、自然の個々の存在に「権利」があるとするのではなく、自然の全体に価値があるとする立場もある。「環境倫理学」を名乗ったのはこの流れだ。それはまた、「保全」(conservation) に対して「保存」(preservation) を説く流れとも言える。これはまた個々の存在ではなく自然全体の価値を説く全体論の興隆とも関わっている。この思想系譜を代表するのは、「ランドエシックス」(土地の倫理) を説いたアルド・レオポルド(一八八七―一九四八) だ。この系譜からは、二〇世紀末になって、自然の中に霊性を認めるディープ・エコロジーの思想も登場する。

このように欧米、とりわけアメリカ合衆国では、人間の側が守るという「自然保護」の思想、「保全」の思想に対して、次第に「原生自然」をそのまま全体を損なわないような形で「保存」することを説く思想が発展してくる。だが、とりわけアメリカで顕著な、人間に汚されていない「原生自然=ウィルダネス」というこの観念は、キリスト教の伝統を引き、またアメリカ的な環境に影響されたものではないだろうか。著者はこのように問いかける。

ウィルダネス（wilderness）は聖書では「荒れ野」だが、それは「炎の蛇とさそりのいる、水のない渇いた、広くて恐ろしい荒れ野」（申命記八章一五）であるとともに、イエスが「悪魔から誘惑を受けるために霊に導かれて荒れ野に」行くというように、試練にあって清められる場所でもある。西洋の、とりわけアメリカの環境思想において、この原生自然としての自然、つまり人間の生活から切り離された他者としての自然の観念が強いインスピレーションを与えてきた。だが、実際にはまったく人の手が入っていない自然は少ない。

人間の手がまったく入っていないような原生自然が存在しているとしても、現在地球レベルでその破壊が問題となっている自然は、原生的な自然とはいえ、何らかの形で人々の生活が絡み合っているところが大多数である。

何らかの形で人間の手が入り、人々の生活が絡んでいるような自然を対象にして環境倫理を構想するためには、人間と自然との関係性、さらには人間の営み自体に目を向け、それを分析する必要があり、そこから出発しなければならない。（一一三―四頁）

これが著者が構想する環境倫理の着眼点の要だ（第二章）。人間と自然は人間同士のつながりを介して関わりあっている。つまり、「社会的・経済的リンク」や「文化的・宗教的リンク」がある。これら人間の側の構築物をよく理解することなしに、人間と自然との関わりのあり方は十分に理解できないはずだ。しかし、実際には人間同士のつながりのあり方を捨象して人間と自然のあり方を考えてしまいがちなのだ。

人間と自然とが理想的な形で交わる経験を夢想する思想系譜があり、環境倫理思想にも影響を与えてきた。だが、社会・経済や文化・宗教のあり方、またそれらに影響されて形作られている人間同士の関係を十分に考慮に入れてこそ、人間と自然環境とのよい関係のあり方が見えてくるだろう。

もう一つ、科学技術がますます発達し、その便益を享受するとともにそれに依存することも多い現代のような時代の人間と自然との倫理的関係を考える上でとくに留意すべき点がある。それは人間と自然とが多くの接触面をもち複雑な関係を保っている状態と、自然のある側面を人間の都合にあわせて切り取って、その断片との間で個別的な関係が結ばれているような状態の区別だ。これを著者は「生身」と「切り身」という巧妙な比喩で捉えようとする。

「生身」は「かかわりの全体性」を、「切り身」は「かかわりの部分性」を意味する。森で暮らしている先住民は、「生身」の「生活者としての森」に関わっている。木材を輸入して建材として利用している人は森から作られた「切り身」に関わっている。熱帯林の保護を、観察者として主張することは、ある意味で「切り身」の関係を取り結んでいるのだが、「生身」としての熱帯林に関わっているという錯覚を持ちやすい。

近代化した社会でも、たとえば農業生活ではなお自然との「生身」の関係は残っている。しかし、全体としてみればますます「切り身」の関係が増えていく。だが、それはそれで自然の「保全」に貢献していくことができる。環境倫理は必ずしも、いつも「生身」の関係の回復を目指すものではない。登山や釣り、つまりは遊びの領域でも自然との親しい関わりのように「切り身」が優位の関係ではあるが、環境保全への願いと切り離せない活動領域もある。人々それぞれの生活形態、つまりは社会・経済的リンクや文化・宗教的リンクをよく見通しながら、環境保全のあり方を考えていくべきだ。本書の副題に「ネットワーク」の語が置かれている所以である。

著者はこの考え方にそって、秋田・青森県境にある白神山地の環境保全運動について詳しく紹介している（第三章）。白神山地の豊かな森林資源を保全したいという思いは共有されていても、保全のための具体的な方策となると人々の生活形態によってだいぶ考え方が変わってくる。

伝統的な生活様式では共用地、入会地（コモンズ）としての山に入り、ともに資源を活用しながら共同で環境保全にも気を配ることが多かった。しかし、これは近代的な法制度にそぐわないところもある。他方、個々人がそれぞれに法規範にのっとって、合理化された関与をするという関わり方もある。自然保全のためには入山を禁ずるという考え方もとられよう。環境保全の意識はむしろ後者の人々の方が高い場合もある。

前者は「生身」的な環境への関わり方が優勢なのに対して、後者は「切り身」的な環境への関わり方が優勢だ。どちらがよいというわけではないが、このような相違を十分に意識して環境保全に取り組むのがよい。少なくとも、後者の発想に偏ったアプローチにならないよう、「生身」の関わりがもつ可能性を忘れないようにしたい。著者自身、よく自覚していることだが、こうした著者の環境倫理の考え方には、どこか個よりも関係を重視する日本的な、あるいはアジア的な人間観、自然観が反映している。

科学技術はひたすら「切り身」の関係を増大させていく方向に走る可能性もある。だが、それが人間同士の関係に大きな影響を与えていることに気を配り、「生身」の関わりを取り戻す可能性も視野に入れつつ、持続可能な自然との関わり方を求めていくべきだ。福島原発事故以後の地球に生きる私たちは、科学技術と人間との関わりのあり方が、私たちの生存の根幹に関わるものであることを忘れることができない。科学技術が経済原理に引きずられ、「切り身」の関わりを極大化していくことが何をもたらすのか。環境倫理は自ずからこうした問いへも導いていくものである。

枝廣淳子・草郷孝好・平山修一

GNH（国民総幸福）――みんなでつくる幸せ社会

海象社、二〇一一年刊

倫理は個人ひとりひとりの事柄であるとともに、共同で営む社会生活に関わっている。社会生活というとまずは国家という枠組みで考えがちだが、地域共同体や職場や家族などさまざまな広がりがある。もっとも大きな広がりはグローバル社会ということになろう。戦争が絶えないグローバル社会の向かう方向が見えないと、包括的な良い社会生活のビジョンが得られない。よって社会生活の倫理的指針が見えにくくなる。現代社会はこの意味で倫理的ビジョンの欠如、あるいは崩壊感覚に苦しんでいると言える。これに対して、倫理的なビジョンにのっとって、グローバル社会のあり方を具体的な形で展望することを目指す試みがないわけではない。

経済成長が至上目標になっているのが現今の世界の政治や経済の大勢で、その主要な指標のひとつはＧＤＰ＝国内総生産（Gross Domestic Product）だ。以前にはＧＮＰ＝国民総生産（Gross National Product）の語が使われてきたが大差ない。お金に還元できるような一次元的な数値でその量が計測されるものだ。これに対して、ＧＮＨ（Gross National Happiness）は経済的な数値では表せないような幸福の度合いを捉え、その向上を目標としようとするものだ。

ＧＮＨを最初に唱えたのはヒマラヤの小国ブータン王国で、一九七二年一六歳で即位した第四代国王、ジクミ・シンゲ・ワンチュクが提唱者だ。若きジクミ・シンゲ・ワンチュク国王が一九七〇年代にすでに説き始めていたこのＧＮＨの理念は、次第に世界各地に共鳴者を見出すようになり、今や国際社会で十分に認知され敬意をもって検討すべきものと考えられている。本書はそのことを分かりやすく述べたもので、巻末には「参考資料」として二〇〇八年、ニューヨークで開かれた第六三回国連総会でのジグミ・Ｙ・ティンレイ、ブータン王国首相の声明の訳文も収められている。

ティンレイ首相は声明の冒頭で、自然災害、食糧、燃料、金融危機、深刻化する貧困、貧弱化する国家、減少する水資源、病気、人身売買、海事の無法性、テロなど現代世界の危機を示す事柄を列挙する（一七二頁）。そして、とくに地域社会の崩壊に注意を促してこう述べている。

地域社会が崩壊すると、必要な際にはお互いに分かち合い、与え合うという精神性も崩壊し、共同体、隣人、さらには自分自身の家族を犠牲にしても、自分が利益を得ようとするようになります。これは、国家間の関係を含む、人間の関係性のあり方の問題です。そしてこのことは、貧困、飢餓、社会情勢の不安感など、今日の社会を悩ませている多くの根源にある問題だと、私は考えます。

こうした危機の数々が明確に示すのは、人間の飽くなき欲望を満たすために生み出された膨大な富を分かち合い、分配することを怠った結果、不均衡となった社会の恥ずべき姿です。飢餓や自然の脅威に晒され、人々が適切な治療を受けることなく死んでいくという苦しみの中にあるのは、食糧、水、衣類、医薬品が不足しているからではなく、分かち合おうとする意思や分配しようとする配慮にかけるからなのです。（一七四―五頁）

先進国では消費期限が切れた食糧や医学品が惜しげもなく焼却炉に放り込まれている。その先進国は「GNPの一%にも満たない富を分かち合うという誓いを果たした先進国はほとんどありません。同様に、製薬会社も医薬品価格を下げることに積極的に反対しています」（一七五頁）。私の追加だが、GDPの最上位に位置するアメリカや中国では、そして日本も次第にそうなってきたが、ごく少数の豊かな市民が多数の市民の収入の合計を上回るほどの収入を得ているような状況だ。

我々は自己陶酔に浸りながら無節制に日々を過ごすことから目を覚まし、経済の繁栄が人類の繁栄と同義ではないことに気がつかねばなりません。我々は、市場が持つ強大な束縛力と決別しなければならないのです。金融危機に顕著に見られるように、市場中心主義経済が崩壊しているのは、まさに無配慮で無責任な経済発展と拡大が、もはや限界に達しているということの現われではないでしょうか。将来の世代にとって、それは持続可能でもなく、公平でもありません。何よりも、今後、我々自身が振り返ってこの耐え難い負債を悔やむことになるかもしれないのです。（一七五頁）

現代世界の危機に警鐘を鳴らし、市場経済による経済成長の限界を説く言説はこれまでも少なくなかった。だが、このブータン王国首相の批判はひと味もふた味も違っている。まず、これは倫理的な問題として捉えられている。「分かち合う」精神の欠如、ひたすら自己利益を追求する生き方が問われている。これはカトリック教会や他の宗教組織、宗教者が述べてきたことでもある。確かに従来の宗教者の発言と同様、ティンレイ首相も効率至上主義の経済や現代文明を批判し、宗教的な価値を重視すべきことを述べている。「身体の物質的ニーズと、心の精神的、心理的、感情的ニーズのバランスのとれた生活」が重要だという。「モノよりいのちとこころを尊ぶ」ことと言い換えてもよい。多くの日本人にとってなじみ深い考え方だろう。

ブータンのＧＮＨの考え方で特徴的なのは、これをより具体的な指標へと形づけていくところだ。ブータン政府は早くから以下の四つの柱を掲げてきた（四五―七、一七六―七頁）。

①持続可能かつ公正な社会経済発展
②環境の保全
③文化の保全と促進
④良い統治

そして、二〇〇七年に初めて制定された憲法では、第九条「国家政策の原則」の第二項に「国家は国民総幸福（ＧＮＨ）の追求を可能ならしめる諸条件を促進させることに務めなければならない」と規定された。第九条は二五項からなるが、そこには第七項「政府は、所得格差や富の集中を最小限にするとともに、個々人や異なる地域で生活する人々の間において、公共施設を公平に配分するような政策を形成し、実行に移さなければならない」。第一九項「政府は、地域における協働や拡大家族の保全につながるような諸条件を促進するよう務めなければならない」。第二〇項「政府は、仏教精神と普遍的な人類の価値観に根差した思いやりのある社会の持続的発展につながる環境づくりに務めなければならない」といった内容も含まれている。

さらに、ブータン国立研究所では幸福の度合いを数値で表すために「ＧＮＨ指標」を定めようとしてきている。そのために以下の九の領域を分けて考えようとしている。（五八頁）

1　暮らし向き（Living Standards）―生活を営む上で必要な経済指標
2　健康（Health）―身体面の健康
3　教育（Education）―教育や知識
4　コミュニティーの活力（Community Vitality）―地域コミュニティーの活力
5　良い政治（Good Governance）―民主的な意思決定に裏打ちされた政治
6　時間の使い方（Time Use）―仕事、余暇のバランス
7　文化の多様性（Culture）―ブータン文化の尊重と保全
8　生態系（Ecology）―環境保護
9　心の健康（Psychological Well-being）―精神面の健康

「文化の多様性」と訳してあるところは微妙だ。ブータンでは仏教が支配的で宗教的に多様であるとは言えないからだ。これに関わって著者たちはこう述べている。

またGNHは、仏教思想に基づいているから特別だ、と考える人もいます。確かに、GNHの考え方のベースに、仏教に纏わる思想があることは否定できません。しかし、GNHは一部の宗教の持つ非合理性が感じられません。少数派の不利益、非合理的な善悪などの宗教上のデメリットは無く、仏教を哲学の一種と捉え、それを基礎にしています。したがって、

逆に仏教や神道の影響を受けた伝統を持つ日本人の私たちにとっては、ＧＮＨの価値観や幸福に対する考え方は受け入れやすいかもしれません。（七三頁）

このあたりはじっくり学び吟味する必要があるだろう。ブータンのモデルを日本に移しかえることができるかどうか、大いに考えてみたいところだ。本書の著者たちもそのことは分かっているようだ。そこで本書では、ブータンのＧＮＨに相通じるような考え方で地域社会づくりに取り組んでいる日本の事例をいくつか紹介している。

たとえば、東京都荒川区はＧＡＨ＝荒川区民総幸福度（Gross Arakawa Happiness）を掲げている。二〇〇四年に就任した西川太一郎区長が「区政は、区民を幸せにするシステムである」との方針を具体化しようとしたものだ。これに沿って、荒川区では「すべての区民の尊厳と生きがいの尊重」、「区民の主体的なまちづくりへの参画」、「区民が誇れる郷土の実現」の三つの「基本理念」を提示、「暮らし」、「安全・安心」、「地域とのつながり」、「生きがい」、「幸福度」の世論調査項目を定め、毎年その変化をモニタリングしている。

また、熊本県水俣市は水俣病でよく知られた町だが、一九九二年に日本で最初の環境モデル都市づくり宣言を出し、今や日本政府が二〇〇八年に定めた六つの「環境モデル都市」の一つとなっている。水俣市が注目すべき都市作りに進んで行くに際して貢献が大きかった人物のひとりに吉井正澄氏がいる。吉井氏は市長であった一九九四年、水俣病患者慰霊式典に全ての水俣病患者グループ、環境庁、熊本県庁関係者の参加を実現させ、市からの水俣病患者への謝罪を行い、「もやい直し」を提唱した。「吉井さんは、「内面社会の再構築」こそが一番大切なことで、それを進めるためには、水俣市に住む立場の違うもの同士が、水俣の再生に向けて、協働していくことだ」とし、その「もやい直し」には「心と心のつながりを取り戻していくことが不可欠である」と捉えていた（九六頁）。

吉井市長の提唱した「もやい直し」を実践していくのに貢献した水俣病患者のひとりに杉本栄子さんがいる。杉本さんは父親から教わった「他人様は変えられないから、自分が変わる」との言葉を支えに、「自分をいじめた地元の人を赦し、何もしてくれなかった市役所を赦していくことで、水俣という崩壊したまちの再生へつなげていく役割を果たした」（九九―一〇二頁）。また、水俣市の職員だった吉本哲郎さんは「箱モノ行政」に対して「アイディア行政」を掲げ実践した。これは市民自身によるビジョンづくりやビジョン実現を意味し、たとえば市民によるゴミ分別化設計を行い実行した。たとえば、各地区ごとにリサイクルを行いリサイクルの売り上げが各地区に還元されるシステムだ。「水俣市内の中学生が、定期的に地区単位のゴミ分別システムに参加しており、若者の間でゴミへの関心を高め、次世代づくりにつなげて」いるという（一〇四―五頁）。こうした経験を生かしながら吉本さんは「地元学」を提唱してもいる。

このように本書は、ＧＮＨの考え方が遠い小国のことにとどまらず、日本でも十分、具体化できるものであることを実例にそって明らかにしている。ブータンにしろ、荒川区や水俣にしろ、いずれもサイズがさほど大きくないことは注意してよいことだ。大きな行政単位で大きなお金を動かして目覚ましい効果をあげようとすると、経済成長優位の発想にならざるをえない。しかし、お互いの顔が見えるサイズで生き生きとした共同性を育てていこうとするとき、そこに人々が実感として捉えることができる「よい生活」への実現の道が開けるようだ。

こうしたものの考え方は、東日本大震災の後、とくに妥当性があるものと感じられる。著者たちはそのことも十分に意識している。それが「よい生活」や「幸福」の問題、また「倫理」の問題といってもよいものであることを本書は分かりやすく示してくれている。

Ⅲ　責任と赦し

人災により生じた甚大な苦難に対して責任が問われなくてはならない。福島原発災害ではいくつかの事故調査委員会の報告書も出された。だが政財官学報各界の当事者たちは一向に責任を自覚していないようで、なお長期にわたる追及が必要となるだろう。ところで原発の受益者だった国民の側にも一定の責任はある。また、責任を問うとともに赦しや和解への展望も必要なのではないか。これまでの戦争や公害の歴史も参考にしつつ考えたい。

カール・ヤスパース

戦争の罪を問う

橋本文夫訳
平凡社、平凡社ライブラリー、一九九八年刊
（原著一九四六年）

福島第一原子力発電所の事故による災害は、アジア太平洋戦争の終戦時及び敗戦直後のことをしばしば思い起こさせた。事故が深刻でたいへんな災厄が人々を襲っているのが明らかなのに、なおも情報を隠して心配するなといい「勝利」できるかのようにいい続けたのは、戦時中の大本営発表のようだと言われた。担当者のはずの人たちが、どこが問題なのかを問われても誰も答えられないこと、誰の意志で決断がなされたのか分からないことも戦時中の「無責任体制」そのままだと言われた。責任を問おうとしても責任のある人たちが応ぜず、なお重要な職責についたままであるのも戦後の戦争責任問題と似ていると論じられた。

総力戦に敗れるということと原発事故とでは違いが大きいのは言うまでもない。アジア太平洋戦争の日本人死者は三〇〇万人を超えるが、原発事故による死者の数は予測できないとしてもそれよりだいぶ少ないだろう。だが、どちらもきわめて多くの指導者層の人たちが、巨大な規模の損害を起こした企てに積極的に関与していたという点では似ている。一九五〇年代以降の日本の政財官学報の各界のリーダーの多くが、「原発は絶対に安全」として原発推進に与してきた。住地を追われ、生業を奪われたり、被曝によるがんなどの病気・障害の危険を気遣っている多くの人々に対して、とても釈明できそうにない。

したがって、「責任を問う」ことは避けられない。どうしてこのような被害が生まれたのか、嘘やごまかしや失敗があったことをうやむやにはできない。だが、責任を問うとき、いったいどのような姿勢でそうするのか。これは日本の敗戦後も問われたことであり、原発災害継続中の今もしばしば問われることだ。では、この問いに正面から、かつ明晰に答えた日本人はいただろうか。その答は難しい。だが、ドイツでは哲学者のカール・ヤスパースがまさにその問いに正面から、早い段階で明晰に答えようとしていた。一九四六年の一月から二月にかけての講義で語られた『戦争の罪を問う』(罪責問題)である。

ヤスパースはこの講義で、罪を問うことの根幹には、個人が自ら自身の良心に問いかける姿勢がなくてはならないということを述べている。他者がどこでどのように道を誤ったのか、どこで間違った判断がなされ、多数者に危害を加えたり、それに手を貸したか、またどのように虚偽が語られ、他者を欺いたのか——これらの問いが追究されるだろう。国際的な文脈からはドイツ人はこれらの問いによって追究される側だが、ナチスに協力せずナチス時代冷遇されていたヤスパースの場合はナチス協力者の責任を追究するのが自然な側でもあった。ナチスの罪は明らかのようだが、ナチスに協力したり、黙認したりした人たちに罪はあるのか。罪の追究はどのような場合に、どのような意味で正当なのか。

この問いに答えるために、ヤスパースは四つの罪の概念を分けて考えるよう促す（四八―五〇頁）。第一は「刑法上の罪」で多くの社会で犯罪とされているような明白な罪である。第二は「政治上の罪」で為政者の行為に対するものだが、国家の公民である限りで国民も背負うことになる。第三は「道徳上の罪」で個人が行うすべての行為に関わる。もちろん政治的、軍事的行為にも及ぶ。第四は「形而上的な罪」であらゆる人間は連帯関係にあるので、人はあらゆる不法不正に対して責任があり、他者が不当に苦しみ死ぬということを他人事とはいえない側面がある。そのような意味での罪である。

この四つのレベルの罪にはそれぞれ「審判者」が想定されている。刑法上の罪の審判者は「正式の手続きを踏んで事実を信頼するに足る確実さをもって確定し、これに法律を適用するところの裁判所」。政治上の罪の審判者は「戦勝国の権力と意志である。勝利が決定権をもっている。恣意と権力との緩和は、あとあとの結果を顧慮する政治的狡智によって、かつはまた自然法および国際法の名のもとに通用する規範を承認することによって、行われる」。以上の二レベルでは審判者が誰にも観察・認知される存在であるが、以下の二レベルでは審判者は誰にでも観察・認知できるというわけではないかもしれない。道徳上の罪の審判者は「自己の良心であり、また友人や身近な人との、すなわち愛情をもち私の魂に関心を抱く同じ人間との精神的な交流である」。そして、形而上的な罪の「審判者は神だけである」。

この最後の形而上的罪と審判者の概念はもう少し説明を聞きたいところだ。「私が他人の殺害を阻止するために命を投げださないで手をこまねいていたとすれば、私は自分に罪があるように感ずるが、この罪は法律的、政治的、道徳的には、適切に理解することができない。このようなことの行なわれた後でもまだ私が生きているということが、拭うことのできない罪となって私の上にかぶさるのである」（四九―五〇頁）。ちなみに、『戦艦大和ノ最期』の著者、吉田満のような日本の特攻隊出撃の生き残りの兵士が、長く苦しまざるをえなかったのはこの罪の次元に関わる事柄だろう（次章参照）。

この形而上的な罪がすべての罪の根底にあるとヤスパースは捉えている。生き残りとしての悲しみに深くとらわれた経験がある人は納得しやすい考え方かもしれない。「道徳上の過誤は、政治上の罪と刑事犯罪との生じてくるような状態の土台をなすもの」（五二頁）だ。そして、道徳的な罪が深刻なジレンマの中で問われ続ければ形而上的な罪と境を接するようになる。そこで、ヤスパースは「われわれは区別を通じて、結局は、言葉に表すことの全く不可能なただ一つの根源たるわれわれの罪に立ち返ろうとする」（五一頁）のだという。宗教こそが人類の存在の基盤だとする考えに基づくものだから、この考えには承服しがたいと感じる人も多いだろう。だが、「形而上的な罪」という概念は宗教を前提としなくても成り立つと思われる。

ヤスパースが具体的な実例を念頭に置きながら検討していくのは道徳上の罪である。ナチスの支配が強まっていく過程で、ドイツ人はどのような態度を取りえたはずだったか。たとえば、軍人の本領を発揮するとか祖国への義務を果たすということが非とされるわけではない。だが、「軍隊と国家とによってあらゆる邪悪が行われていたにもかかわらず、われわれが敢えてみずからを軍隊と同一視し、国家と同一視したことは、ただただ驚くばかりである」。「この罪は、「汝に対して権力をもつ上司に忠誠なるべし」という聖書の言葉を誤解したところから生じたのであるが、しかしその罪が完全に悪質化してしまったのは、軍国的な伝統に基づいて命令が神聖視されたことによるものであった」（一〇一頁）。

また、ナチズムにも長所があるとして「精神的な順応・妥協を事とする生き方」や「内部から好転させるために、協力せねばならない」などとする自己欺瞞も道徳上の罪である。こうした考え方は「ナチズムにおける非人間的、独裁的で、しかも人間の真のあり方を没却した虚無主義的な性格をなすゆえんのものと本質的に相通ずるものがあるのかも知れない」（一〇六頁）。「ことに敢えて大勢に順応しないで不利を忍んでいたドイツ人の多かったことを思えば、なおさらである」（一〇八頁）。ナチズムと戦争への道のそれぞれの段階で、どのような態度をとるかの選択肢がありえた。それらを吟味していくことで、道徳的な罪のありかが明らかになっていく。

このように見てくると法律的な罪だけでなく、道徳的な罪もその基準がどこにあるか、ある程度、示すことができる。だが、政治的な罪はどうか。日本で問われる「戦争責任」や「原発災害責任」で問題になるのはこの政治上の罪である。ヤスパースはその審判者は「戦勝国の権力と意志」であるという。東京裁判はまさに戦勝国の権力と意志に沿って行われたので、戦敗国である日本の国民の中には、その結果にやりきれない思いを抱かざるをえない人も多い。他方、原爆投下は日本国民から見れば死や苦難を受けるいわれのない多くの犠牲者を生んだ過誤であると感じているが、それが政治的な罪として問われることはない。これに対して原発災害の場合は責任者の多くが、なお権力をもった勝者の側にあるので、問われずにすんでいる。

この書物は、戦勝国の裁きであるニュルンベルク裁判の進行中に書かれている。この裁判が刑事上の罪の概念を基礎とし、新たな世界秩序における国際法に則ったものになるような希望が示されているが、それは部分的にしか実現しないだろうとも述べられている。勝者の側の罪が問われなければならないとしている。政治的な罪の追究は納得しがたいものを残すだろう。だが、やはり政治的な罪を負うことも避けがたいことであり、国民は国家の責任をそれぞれの関わり方に応じて引き受けざるをえない。ナチス国家の犯罪はそれだけの重みをもっていたのだ。

しかし、それはそのまま国民がそれぞれの道徳的な罪を自覚するということではない。では、政治上の罪が道徳的な罪と関わりがないかというとそうとも言えない。この問題を考えるには、集団の道徳的な罪というものを考える必要があるとヤスパースはいう。生活態度と政治上の出来事には密接な関係があり、きっぱりと両者を分けることはできないからであり、政治的自由には道徳的なものが含まれているからだ。「精神が政治的自由をもたない場合……一方では服従しながら、他方、自己の罪を感じない。自己の罪を感じ、したがってみずから責めを負うべきことを意識することこそ、政治的自由を実現しようとする内面的変革の始まりである」(一二〇頁)。この観点からは、指導者への無条件の服従を受け入れたこと、屈従した指導者がどのような性格であったかということについて、ドイツ人には集団的な道徳的罪があることになる。

われわれはわれわれの政府に対し、政府の行為に対し、この世界史的状況下に戦端を開いたことに対し、われわれが先頭に立たせた指導者の性格に対して、政治的な責任を帯びている。ゆえにわれわれは戦勝国に対してわれわれの労働と給付能力とをもって責めを負い、敗戦国に課せられた通りの償いをしなければならない。

加うるになおわれわれには道徳上の罪がある。道徳上の罪はいかなる場合にも個人個人にあるのだから、各自がそれぞれに自己清算をつけなければならないのだけれども、しかし集団的な面には、いかなる個人ものがれることのできない生活態度と感情のあり方とに根ざす道徳的ともいうべき契機が含まれている。(一二二―三頁)

最後にヤスパースは罪を清めるとはどういうことかについて述べる。「償いによる清めの道は避けがたい。だが清めはこれだけにとどまらない。……罪を明らかにすることは、同時にわれわれの新たな生き方と生きる上での種々の可能性を明らかにすることである」（一八三頁）。それは幸福を期待することをも含んでいる。だが、幸福に安住することはできない。「憂愁という背景の上に立って、幸福をまた好もしい奇蹟として受けとるのである」（一八四頁）。

その結果はおのれの分を知るということである。超越者たる神を前にした内面的な行動を通して、われわれ人間の有限性と不完全性とが意識される。謙虚さ（フミリタス）ということがわれわれの本質となる。

かくてこそわれわれは権力意欲をもたず、愛の闘争を通して、真なるものの論議を進め、真なるものにおいて互いに結びつくことができるのである（一八四頁）。

ユダヤ人の妻をもちキリスト教を基盤とした「哲学的信仰」をよりどころとしたヤスパースの、「神」という言葉に受け入れがたいものを感じる日本の読者は少なくないだろう。しかし、アジア太平洋戦争や広島・長崎の原爆や福島原発災害を経て、その責任を問うことを避けがたいと感じている者にとっては、哲学的、宗教的な深みをもった思考がふんだんに盛り込まれたこの省察の書は、大きな助けとなることだろう。

吉田 満

「戦艦大和」と戦後

保阪正康編
筑摩書房、ちくま学芸文庫、二〇〇五年刊

学徒兵として一九四五年四月、戦艦大和の沖縄特攻作戦に参加し、かろうじて生き残った吉田満《みつる》（一九二三―七九）は、佐世保の病院を出るとさらに人間魚雷の特攻を志願し、四国の基地で終戦を迎えた。この若者は二二歳の年で、沈没する戦艦大和とともに死に直面し、多くの仲間の無惨な死に立ち会い、かつ自ら覚悟したはずの死は単なる生物的な死に過ぎず、自ら納得に値する生をもたなかったという負い目と絶望感に苦しめられる。両親の疎開先に帰った吉田満は、その体験を見直す手記をほぼ一日でまとめた。それが戦争文学の名作として知られる『戦艦大和ノ最期』である。

だが、この作品は占領軍の検閲によって公刊を許されず、オリジナル版が刊行されたのはサンフランシスコ講和以後のことだ。もともと吉田は作家として生きることを望んだわけではなかった。東大法学部卒業後は日本銀行に勤め、銀行員として五六歳で生涯を終える。だが、吉田は多忙な仕事の合間に文筆活動を続けた。特攻兵が戦争と死の体験をどう受け止め、戦後日本社会をどう生きたかは、その文筆の記録からある程度うかがうことができる。『吉田満著作集』二巻があるが、手に取りやすい形ではこの『「戦艦大和」と戦後』、そして『鎮魂戦艦大和』（講談社文庫）、『提督伊藤整一の生涯』（文藝春秋、後、洋泉社）でほぼすべてとなる。

『「戦艦大和」と戦後』に収められているのは「戦艦大和ノ最期」と『戦中派の死生観』（文藝春秋）に収められたエッセイだが、後者に収められた文章は戦後直ぐの時期から死の直前に及んでいる。日銀の同僚だった千早耿一郎によると、吉田はよく次の短歌を口ずさんでいたという。国文学者で歌人でもあった岡野弘彦の作品だ。（『大和の最期、それから――吉田満　戦後の軌跡』講談社、二〇〇四年）

辛《から》くしてわが生き得しは彼等より狡猾なりし故にあらじか

若くして死んでいった同輩たちに対する慚愧の念にかられ続けた一生だったが、その思いをここまで率直に文章に結晶させた人はまれだった。病牀で口述され、遺稿となった「戦中派の死生観」には次のような一節が含まれている。

戦後三十四年が過ぎたことは、戦中派が戦争にかり出された頃の父親たちの年齢に、われわれが達したことを意味する。……父親の年になるまで生きて、青春のさ中に散っていった仲間たちのことが、その悲劇の意味が、はじめて分ったということである。われわれの戦後の生活には、波瀾あり挫折あり悔いも多いが、彼らはそのかけらも経験することはなかったのだ。(五二一―二頁)

生き残りとしての苦渋の言葉を記し続けた吉田満だが、それはまた若くして死んだ同世代の人々の死の無惨さ、痛ましさを確認し続けることでもあった。その痛ましさの意識こそが、近代日本の死生観と倫理観の新たな地平を記しづけるものである。

「故人老いず生者老いゆく恨かな」菊池寛のよく知られた名句である。「恨かな」というところに、邪気のない味があるのであろうが、私なら「生者老いゆく痛みかな」とでも結んでみたい。戦死者はいつまでも若い。いや、生き残りが日を追って老いゆくにつれ、ますます若返る。慰霊祭の祭場や同期会の会場で、われわれの脳裏に立ち現われる彼らの童顔は痛ましいほど幼く、澄んだ眼が眩い。その前でわれわれは初老の身のかくしようがない。(五二二

頁)

五六歳で死を前にして書かれたこの文章も「生き残り」としての「戦中派」の意識が印象深く語られている。「戦艦大和ノ最期」以来、吉田の文章全体の特徴は戦争で早死にした仲間たちの無残な死を、どのような意味で無残と見るか、それを問い直し続け、そうすることによって鎮魂の意志を示し続けたことにある。

彼らは自らの死の意味を納得したいと念じながら、ほとんど何事も知らずして散った。その中の一人は遺書に将来新生日本が世界史の中で正しい役割を果たす日の来ることをのみ願うと書いた。その行末を見とどけることもなく、青春の無限の可能性が失われた空白の大きさが悲しい。悲しいというよりも、憤りを抑えることができない。(同前)

ここで吉田は「その悲劇の意味が、はじめて分った」と書いている。戦後のさまざまな経験を経て、戦死した若者たちの父の年代になったからやっと分かったという感慨を込めたものだろう。しかし、実際に吉田が記していることは、戦後の早い時期から書いてきたこととあまり変わっていない。無残な若年死の当事者であることから遠ざかった五〇歳代の文章と、なお当事者としての緊迫感の漂う一九四〇年代末の文章では確かにトーンは異なる。だが、死生をめぐって語られているとことの内実は変わっていない。戦後、三五年にわたり、吉田は戦死した若者たちの死の無残さについて同じことを言い続けたように思える。

若者たちの死の無残さとはどのようなものか。敗戦直後の吉田は、それを何よりも自らの心の内の事柄として意識し、沈黙しがちながらも言葉をしぼり出すように語ろうとした。若者たちは壮大な破壊に、つまりは虚無に呑み込まれた。それは沈没しゆく戦艦大和から海中に投げ出された彼個人の体験そのものだった。たとえば、一九四八年に公表された「死・愛・信仰」という文章では次のように述べている。

私は終始、人間らしいおのが心をしびれさせたまま、戦い、死を掠め、よみがえったのである。一夜を、昏々と眠り呆けた。翌朝、春の陽のみどりの山の前に、ただ抜けがらのように立っていた。美しい、とわずかに感嘆が湧くのみだった。

白いベッドに身を横たえながら、私は身をさいなむ問いを執拗にくり返した。――あれが死なのか。波にまかれしたたかに水を呑まされ、苦悶の極に明転し、そして俺は蘇ったがもしあの時暗転していたならば、――あの眠りに似てより重く、窒息に似てよりいまわしい、瞬間が永遠につづくのであろうか。しかも一度限りの、終熄。いなそれよりも、あののがれようのない、孤独、寂莫、絶望はどうしたことなのだ。あのようにしか死ねないものとすれば、人間とは何なのか。何のためのものなのか。それだけではないはずだ。たしかに、何かが欠けている。あれを悲惨の極と感ずるこの心がある以上、それにこたえるものがなければならない。……欠けたものは一体何か。俺の場合の、虚無の理由は何なのか。(二八六―七頁)

この文章では、その後、吉田がカトリックの今田健美《こんだ》神父に出会い、キリスト教の信仰に導かれていく経緯も描かれている。それは死に直面した吉田が見てしまった「虚無」を克服することができる唯一の道と感得されたと思われる。だが、それによって吉田の実存的な問いが終息したわけではない。

吉田個人が自らの内なる虚無にかくも深刻に向き合わざるをえなかったのは、戦争の破壊による虚無を強く意識していたからだ。その虚無に無惨に飲み込まれたのが大和で行動をともにした仲間たちであり、同世代の若者たちだった。吉田が内なる虚無をそれほどに重く受け止めたのは、無惨な大量破壊をくり返す現代世界の巨大な虚無に呑み込まれた仲間たちの無惨な死を悼もうとしたからではないか。

そうだとすれば自分自身のこととともに、あるいはそれ以上に同世代の兵士たちがどのような思いで死んでいったかが問われるべきだろう。戦後、時が経つに連れ、吉田は自ら死に直面した経験に距離をとり、他者の経験をたどり、理解しようとする作業に取り組むようになる。それがまた、自己の経験をよりよく理解することにもなると考えたに違いない。ある時期から、吉田は他者を通しての自己理解という方向で多くの文章を書くようになっていく。

たとえば、戦死した若者たちの手記や手紙などを数多く、また深く読み込み、彼らにとっての死の意味を明らかにしようとした一連の文章がある。神風特攻隊に入隊した林憲正は、入隊してての頃の日記には「私の心は悲しみに充ちている」とか、「死というものを脱却できない」などと書いていた。ところがやがて郷土を守る決意を表明するに至る。吉田は「その変化の底にあるものを、汲みとらなければならない」という。何かを断念し、自己を超えた何かに向かわざるをえなくなるのだ。林の日記の記述は次のようなものだ。

私は郷土を護るためには死ぬことができるであろう。私にとって郷土は愛すべき土地、愛すべき人であるからである。私は故郷を後にして故郷を今や大きく眺めることができる。私は日本を近い将来に大きく眺める立場となるであろう。私は日本を離れるのであるから。そのときこそ、私は日本をほんとうの意味の祖国として郷土として意識し、その清らかさ、高さ、尊さ、美しさを護るために死ぬことができるであろう。

私はこんなことを考えてみた。そして安心したのである。まことに「私」の周囲のでさごとは卑小である、私のこころは今救われている。朗らかである。(四一九頁)

私的な執着をいちはやく棄てざるをえない。それが避けられないことを受け入れたとき、転換が起こる。「一つのささやかな生命が失われることによって、より大きな生命、より深く広い可能性が護られることを期待する、その純一無雑な祈りの姿勢」が現れてくる。

これらの作品を通して、吉田は死に直面した自らが生々しく見てしまったと感じた「虚無」について、また戦争末期に日本の若手兵士が問うた戦争の意味・無意味についての問いをより大きな歴史的展望の下で捉え返そうとした。そのことによって、「戦艦大和ノ最期」とともに吉田が体験した死の深淵の意義が、またそこから現れてきた新たな死生観と倫理観の様相が、大きく変わってしまったわけではない。むしろ若き吉田が直観したものが、豊かな膨らみをもって描き続けられていったと言うべきだろう。

ジャン・ヴァニエ

暴力とゆるし

原田葉子訳
女子パウロ会、二〇〇五年刊
（原著二〇〇三年）

ジャン・ヴァニエ（Jean Vanier、一九二八ー）というカナダ人が一九六四年にフランスのパリ近郊の村、トローリー・ブルーユで始めた「ラルシュ L'Arche」という共同体がある。「ノアの方舟《はこぶね》」の「方舟」の意。知的障害のある人々と共同生活を行う。ヴァニエは人の助けを必要としている弱い障害者から、生きる上でもっとも大切なことを学んできたという。

その経験は多くの著書によって伝えられ、共鳴をよび、ボランティア（「アシスタント」とよばれる）としてコミュニティに参加する人も多い。ヴァニエはカトリック教徒であり、この運動はキリスト教がベースだが、宗教や文化の壁を越えて世界数十か国に広がり、諸宗教の人々が関わってきた。日本にも静岡に「かなの家」がある。

ヴァニエの九・一一後の著書、『暴力とゆるし』は「平和」を主題としたもので、三・一一後、また東アジアの緊張状態のもとで平和を考える助けになる。ヴァニエの著書にはキリスト教徒に語り掛けたものも多いが、この書物では宗教の違いを超えて意義ある知恵を語っている。同じくキリスト教の枠を超えた読者を想定している『人間になる』（浅野幸治訳、新教出版社、二〇〇五年）とともに、多くの日本語読者の心に届きやすい内容だ。

ちなみに『人間になる』には哲学者の岩田靖夫氏が以下のような紹介文を寄せている。「現代は壊れた世界。至るところに、分裂と孤独と絶望がある。人間の幸せとは、強者となって争いに勝つことではなく、他者に心を開くこと、弱者となってありのままに生きることである。そう語るヴァニエの言葉には、知的障害者たちと生きてきた長い経験から生まれた確信と喜びが満ちていて、読む者の心を打つ」。

『暴力とゆるし』のヴァニエは九・一一の後の祈りの集いに参加した経験から語り起こしている。当時のアメリカ合衆国では「対テロ戦争」を称える愛国の情熱があふれていた。

こうした祈りの夕べに参加したわたしは、少々居心地の悪さを覚えたのでした。わたしには人びとが、国民や国家間に新たな良き秩序が生まれることを祈っているようには感じられなかったのです。自分たちの暮らしや世界観を揺るがすような変化、あるいは危険を受け入れることができず、現在の自分たちの生活が保てなくなる不安から、ただ祈っているように見えたのです。

そのなかで少数のアメリカ人が、しかるべき問いを発するようになりました。なぜアラブ諸国、イスラム教諸国の人びとは、自分たちのことを嫌っているのだろうか。貧しい国々で民主主義を推し進めるために、さまざまな援助をしてきたにもかかわらず、なぜ彼らから嫌われているのだろうか。テロ攻撃の背後に、何があるのだろうか。こうした少数の人たちの問いは、政府が報復せざるをえないような恐ろしい攻撃にどう対応するかということではなく、憎しみがどこからくるのかを理解し、それに対してどうしたらよいのか、人びとの間や異なる文化の間に見られる隔たりをどうしたらなくせるか、というものでした。（七頁）

これは「平和」への問いだ。正気にかえれば平和の尊さが思い出され、その願いは強まっていく。では、どうすれば平和に近づけるのか。「わたしたちみなが望んでいる平和を、政府まかせにするのではなく、一人ひとりがその実現に向けて働かなければならないことに、少しでも多くの人が気づいてくれることを願っています。わたしたちは、だれでも平和の使徒になれるのです」。それには実際の経験の裏付けがある。「ラルシュ・コミュニティーで知的ハンデをもつ人びとと三十八年間いっしょに暮らしながら、わたしは平和や争いについての考えを形成し、深めてきました。……ラルシュ・コミュニティーは、家をもたない人には家庭を、見捨てられた人には尊厳を与えることを使命としています」（八―九頁）。

しかし、実は援助者自身が学び、平和への歩みを助けられてもいる。その核には「心の壁を打ち砕く」という経験がある。「わたしたちが、本当に自分自身を開いて、真の人間関係が結べるよう変貌し、心の壁を打ち砕くならば、平和と希望への道はきっと見つけられます」（一一頁）。ヴァニエは社会の問題から目を背けて個々人の心の問題に解消しようとしているのではない。現実的な融和・和解のための行動と結び付けて考えている。コミュニティで例示される「平和」が世界の難問の解決のモデルとなりうると考えている。

世界はいくつもの、多かれ少なかれ閉ざされた集団に分かれています。そうした集団がそれぞれ自分たちのほうが優れている、と確信しているとしたら、平和は訪れるでしょうか。もしも、自分たちが正しくてすでにもっている権力や技術力が、人間性と善の象徴であると傲慢にも思い込んでいるとしたら、他の人との対話は難しくなります。人は言葉の壁にも隔てられますが、恐れが障害をつくるのです。他者が、自分たちのアイデンティティを脅かす存在に思えるのです。そのため他者に向かって心を開くことに抵抗します。わたしたちはみな、多かれ少なかれ、自分の宗教、家族、仕事の人脈、友人関係といった安心できる集団に閉じこもってはいないでしょうか。家族やそのほかのさまざまな集団が人類の繁栄のためには必要なのですが、閉鎖的になると競争や争い、エリート主義を生み出すことになります。（一

八―九頁）

九・一一後の状況での言葉だが、二〇一〇年代の東アジアの緊張や原発後の状況にも妥当ではないだろうか。ヴァニエは実際に、エルサレムやインドのバンガロールで宗教の枠を超えたラルシュ・コミュニティが「平和」を具現している様子についても語っている。「お金に恵まれた人や権力をもった集団は、貧しく、力をもたない人びとを助けようとします。これは、ときに大切なことです」。しかし、弱者を自分たちでは何もできない劣った人たちとみなし、同情して恩に着せようとするのは誤りだ。「人びとが自らを表現し、自尊心を高められるように助けることもなく、相手にその人のもつ価値を知らせないのです。権力をにぎる人びとは、状況を支配しようとします。というのも、弱者が本来の自分に気づいたときに何が起きるか、その変化を恐れているからです」（二〇頁）。

しかし、その恐れは誰もがもっているものでもある。文化圏や国々の間にある恐れと家族の間での争いとは同質だ。「わたしたちはみな自分が正しく、他の人が間違っている、と主張しようと」していないだろうか。競争社会である現代社会では多くの人がそのような恐れに取りつかれて暮らさざるをえない。「競争と対立は、わたしたちの社会の多くのものごとの基盤となっているかに見えます。みな、成功し、勝者となりたいのです。競争はもちろん重要ですし、価値あることです。競うことによって新たなエネルギーが生じて、前に進んだり、創造的になったり、それぞれの分野でさらに能力を高めようとするからです」。だが、競争ばかりの社会は危うい。怨念がわだかまらざるをえないだろう。「ある人びとが頂上まで上り詰めるいっぽう、うつや嫉妬、怒りの深淵に陥る人も出てきます。怒りは、自分自身や親、社会、教会、神、そして幸福を自分から奪ったと思える、すべての人に向けられるでしょう」（二四―五頁）。

競争に明け暮れて「成功」を求める道を自ら降りて、シンプルな生活を歩んできた人の言葉だけに説得力がある。ヴァニエは競争社会の中で疲弊しながら出口を見いだせないでいる多くの人々に絶望しないようにと語りかける。平和への道は歩くことができる。それは日々の生活の中で可能なことだ。「わたしたちは、強い人に立ち向かっていくのを恐れます。そのためもっとも弱く、抵抗する力をもたない人たちを、わきに追いやろうとするのです。こういうことはとりわけ、人間として十全な扱いをされず、性的に虐げられてきた女性たち、また虐待をされた子どもたち、自らを守ることのできない障害者の身に、本当に起こることなのです。拒絶あるいは暴力の連鎖が断ち切られ、弱者が心から迎え入れられ、愛され、尊重されたときに、はじめて平和が訪れたといえるでしょう」。（三二頁）

心の平和こそ世界の平和の基礎だ。だが、それは葛藤を避けることではない。むしろ葛藤に近づき、そこに何ほどなりと入っていくことにおいてこそ得られるものだ。「いたるところで繰り広げられる争いは、人を無力感に陥れます。臆病になってしまって、争いを見詰め、その原因をつきとめて解決する手だてを考えようとしなくなります」。だが、「争いを押さえ込むのではなく、そのさなかに身をお」くことによってこそ平和が得られる。「個人であれ集団であれ、劣っているとか、理解力がないなどと見下されず、尊敬をもって扱われたと相手が感じるように。壊れた関係を修復し、争いと分裂が見られるところに、平和と一致をもたらすことはできます。しかしそのためには、謙虚であり続けることによって変貌していくことが必要です」(三四頁)。

ここにラルシュ・コミュニティでのヴァニエの長年の経験の中核があるのだろう。ラルシュ共同体で日々行われ学ばれていることを念頭に置きながら、ヴァニエは宗教対立や民族対立や国際紛争を含めた葛藤を平和へと導く行動へと適用することが可能だとみなし、たいへん具体的に平和への転換のあり方を語っている。

わたしたちは、相手が変われば愛せるかもしれないのに、とつい思ったりします。しかし、こういうときに違う態度を取ることができる人たちもいます。彼らは自分が相手を大切に思っていることを、まず伝えようとします。そこではじめて、相手は変わり、またそれによって自分も変わっていきます。人が心を開き、変わっていくためには、愛に基づいた信頼がなくてはならないのです。自分に深い存在価値がある、と実感できたときに、人は成長します。ものではない、「人」であると認められることが、とても大切なのです。(三五―六頁)

「見捨てられている」と感じることが孤独と絶望と悲しみの源泉だ。しかし、悲しいかな、人はそこに好んで立ち戻ろうとする、こうヴァニエは言う。だが、耳を傾け心を開くことによって、繰り返される暴力の反復を超えていくことができる。「平和とは、戦争がないだけの状態を言っているのではありません。また他の人が存在しないかのように無関心な態度で、避けたりしながら、近くで暮らすことでもありません。互いに相手のことを知ろうとし、互いの価値を認めつつ、助け合っているときのことを言うのです」（四六―七頁）。

よい例として、アウシュヴィッツで殺されたエティ・ヒルサムの言葉が引かれている。「最終的に、わたしたちは道徳的にただ一つの義務を負っています」、「心のなかに平和な場を広げ、その平和を他者にも伝えることです」（五〇頁）。しかし、それは個々の人間の力で得られるようなものではない。恵みとして与えられるものだ、そのように経験されるものなのだ。「ゆるす」ということについて、ヴァニエはこう言っている。

ゆるす気持ちが「自然に」心の中にわいてくることはめったにないでしょう。むしろ、復讐心、失望、怒りといった感情が、しばしばわき起こってきます。ゆるすという恵みは、与えられるものです。未来に向かって現在を生きることができるのは、他者と自分自身をゆるす力が、神から与えられるからです。こうした恵みをとおして、他者と出会うことができるようになります。受けた傷がいつしか生きるための力となり、傷口をとおして新たなエネルギーがわき出てくることに、気づくときがくるでしょう。わたしたち一人ひとりのなかに、こ

の生命、このエネルギーがあるのです。（五二―三頁）

これは「悲しみから生まれる力」についての語りでもある。そして、それは「見捨てられた」経験をもつ知的ハンディをもった人たちが教えてくれていることでもある。「弱い立場にいて、人とのかかわりを心底求めている人たちが、平和の使者となります。様子や態度で人を恐れさせるどころか、反対に思いやりをもって分かり合うように、心を開かせる人たちだからです」。恵みと癒しをもたらし、自らの弱さを受け入れる道を示してくれるのは彼らだ。そして「自分の傷つきやすさ、弱さに気づいたときに、自分で築いた砦から出て、コミュニティーをつくるようになるでしょう」。（七四―五頁）

ゆるすことができるためには弱さに気づくこと、そうして自らが開かれていくことが必要だという。なお、コミュニティの閉塞についてもヴァニエは多くを語っている。『人間になる』では個の自律とコミュニティの力とのバランスについて論じ、「不安定性の原理」が必要だと述べている。「私たちには人とつながる必要があり、同時に自分自身（生きた現実の一人の人間）を確保する必要もあるという、この大きな矛盾の中に不安定さがあると私は思います」。不安定さを引き受け、正しいとされる事柄を疑ってみる姿勢をヴァニエは「不安定さの原理」と呼ぶ。個人にとっても、共同体にとってもこの原理が必要だ。「集団が大事にしている価値を反省吟味し、それを疑い、理解を深めることができれば、そこに含まれた真理をよりよく知ることができるからです」。（七〇

頁）

『暴力とゆるし』に戻る。本書の論旨が短く要約されている一文を書き抜こう。

自分の弱さに気づいたときに、平和をもたらす人となるのです。ここにある神秘が隠されています。優位な立場にいるから、あるいは権力をもっているから、といって平和を実現することはできないのです。わたしたちの奥深くに潜む、もっとも傷つきやすい部分からわき出る生の力によって、平和はもたらされます。あなたにもわたしにもある、しなやかで力強い生命力が源となっています。（七五頁）

ヴァニエは「平和の使徒」の系譜として、アッシジの聖フランシチェスコ、マハトマ・ガンディー、マーティン・ルーサー・キング、ドロシー・デイ、アウン・サン・スー・チーらの名前をあげている（七九頁）。宗教的なものを背景にもった平和思想、そこになお生きる「心の平和による平和」の理念にヴァニエは新たな光をあてている。日本では障害者の支援から立ち上がった「べてるの家」（べてるの家の本制作委員会編『べてるの家の本―和解の時代《とき》』べてるの家、一九九二年）や「どんぐりの家」（拙著『スピリチュアリティの興隆』参照）のような試みもある。東日本大震災の後の宗教者の支援活動の考え方ともおのずから通じ合うところがあるように感じている。

加藤陽子

戦争の日本近現代史——東大式レッスン！　征韓論から太平洋戦争まで

講談社、講談社現代新書、二〇〇二年刊

広島・長崎の原爆、そして日本だけで三〇〇万人を超える死者を出したアジア太平洋戦争について、私たちは二度とそういう過ちを起こしてはいけないと語ってきた。そのためにこそ戦争責任は明らかにされなくてはならないと論じられてきた。

この度の福島第一原子力発電所の事故による大災害が起こってから、この「過ち」や「責任」という言葉が私の頭のまわりを巡っているように感じている。その理由はある意味ではっきりしている。この原発事故は二度と繰り返してはならない人災であり、その責任はできるだけ明確にしなくてはならない。それはアジア太平洋戦争に続く、日本人自身による巨大な失敗だからだ。

だが、それに加えてもう一つの声も聞こえてくる。これは広島・長崎の原爆に続く原子力が引き起こした甚大な苦悩であり損失だ。私たちは恐るべき核の災厄を被ったにもかかわらず、その過ちに学ぶことなくしょうこりもなく核による悲劇を繰り返したのだ。過去から学ぶ仕方を誤ったからこそ、私たちはヒロシマ・ナガサキに続いてフクシマの苦難をこうむらざるをえなかったのではないか。

こうした失敗を振り返り、二度と繰り返さないようにしたい。では、「過ち」をどのように明らかにし、どう「責任」を問うていけばよいのか。加藤陽子氏の『戦争の日本近現代史』は「戦争」を論題に一つのよき先例を示してくれている。加藤氏はここで明治維新後の対外戦争を全体として取り上げ一つの探究の道を示そうとしている。その後、同一主題を中高生向けに語った同氏の『それでも、日本人は「戦争」を選んだ』（朝日出版社、二〇〇九年）が小林秀雄賞を受賞しているが、大学生などが対象の『戦争の日本近代史』の方が叙述の密度が濃いので、ここではこちらを選んでいる。

まず、そもそも「富国強兵」に人々が納得したのはどうしてだったか。何を怖れ、何を目ざしてそうなったのか。そして、朝鮮半島への軍事介入はなぜ必要と、また正当と考えられたのか。さらに、日清戦争、日露戦争、第一次世界大戦、満州事変、日中戦争、太平洋戦争へと話は展開していく。近代日本史の重要な出来事が続くわけだから、おおよその経緯は分かっているつもりでいたのだが、開戦を導くに至る政治家や軍人の判断、国民や論客が正当と受け入れた開戦の理由づけなどについて、詳細な説明を読むと、確かにその当時にはその当時なりの「戦争を肯定するわけ」に一定の説得力があったことが理解できる。

「あとがき」にあるように、その時代の文脈の中で戦争は「以前の地点からは、まったく予想もつかない論法で正当化され、合理化されてきた」(二九二頁)。「社会を構成する人々の認識が、がらりと変わる瞬間がたしかにあり、また、その深いところでの変化が」(同前)あった。そして「やはりそれは一種の論理や観念を媒介としてなされたもの」(同前)であったことも見えてくる。

著者はこの本を執筆するに際して、「『二度と戦争は起こさない』という誓いが何回繰り返されても、今後起こりうる悲劇の想定に際して、起こりうる戦争の形態変化を考えに入れた問題の解明がなくては、その誓いは実行されないのではないか」(山口定《やすし》)(二九一頁)という問いかけが念頭にあったという。その時々の具体的な状況に即した「戦争を肯定するわけ」の解明によってこそ、「感傷主義でもなく、居直りでもなく、戦争や戦争責任を論ずることができるのではないか」(同前)というのが著者の考えだ。福島原発災害の問題を考え、事故に至る責任を問うときにもこうした態度は有効ではないだろうか。

どの戦争をとっても、潜在的顕在的な敵国の攻撃的態度への警戒があり、それを考慮して国益を守ろうとする戦略観がある。敵国は帝国主義的な意図をもって東アジアに勢力を張ろうとしているのだから、それに対抗してこちらから大陸に勢力を張っていくことには一定の義があると思われたことは理解できる。当時の国際社会の基準から見て、大日本帝国の外交や戦争にはそれなりの正当性があったかに見える。少なくとも第一次世界大戦まではそのように推移した。著者は戦争に向かった日本政府の側にもそれなりの義があったという主張を、少なくとも一度は正面から受け止めるという姿勢で議論を進めている。

事実、たとえば日露戦争については、内村鑑三や幸徳秋水らの非戦論があったが、今でも肯定論が優勢かもしれない。実際、多くの国民は開戦を支持した。開戦の大きな理由となったのは、ロシアの撤兵問題だ。義和団事件後にロシアが満州での通商貿易上の特権を得るとともに、軍事的にこれを支える構えを見せていた。これに対して、吉野作造は「吾人は露国の領土拡張それ自身には反対すべき理由なく、只其領土拡張の政策は常に必ず尤も非文明的なる外国貿易の排斥を伴ふが故に、猛然として自衛の権利を対抗せざるべからざる也」（一四一頁）と述べている。文明対非文明の対立項が戦争の義を弁証する柱だったのだ。

一〇年前の日清戦争の段階では、文明対非文明ではなく国家の独立と国権の拡張という考え方が支配的だった。日本では民権派も主に国権のための民権を主張していたので、「列強に対峙するための軍拡については、為政者と民権派のあいだに、基本的な対立は生じようはなかったはずだ」（六五頁）。この国権論的な立場が清国を中心とする華夷秩序の打破を東アジア諸地域のためにも是とする立場を導き、清国と朝鮮との関係を否定していくことに正当性を与えることにもなる。たとえば、一八八五年にはロシアとの対抗の意図でイギリスが全羅道沖の巨文島を占領するが、これはイギリスが清と朝鮮の宗属関係をうまく利用したものだった。こうした動きを見ながら、日本は朝鮮の独立を守るために清国中心の華夷秩序を超えなくてはならないという立場をとるようになっていく。

まずは列強が代表する強い独立国家が競い合う国民国家の制度に伍すること、続いて文明対非文明の対立項に従い帝国主義的な拡張主義競争に負けずに進むこと、そして第一次世界大戦後は総力戦体制下で生き延びていくとともに人種差別を許さないこと――これらが「戦争を肯定するわけ」のおおよその変化だったと要約してもよいだろう。これは「列強」、つまり植民地主義に立つ側の論理をわがものとしつつ、近代国家としての地位を確保してきた大日本帝国の歴史ということになる。

だが、もしこれだけであるとすれば、朝鮮・韓国や中国とのやりとりを軽んじた歴史像とならざるをえないだろう。確かにこの書物には、統合された国民国家・帝国主義国家同士の国際関係に主軸がある歴史像が描かれている。近代国家として戦争をどう正当化してきたかが主題なのだから、それも当然のことだろう。とはいえ、朝鮮、中国などを軍事的・政治的に支配しようとした歴史、それを是認してきた思想がどのようなものであったかもふれられていないわけではない。

そもそも尊皇攘夷論を掲げていた倒幕の運動から生まれた維新政府が、攘夷論を引き下げるには論理の転換が必要だった。政府はそれをどう人々に説明したか。著者は吉野作造の解説をひいて、「夷狄」と思っていた列強への認識があらたまり、彼らにも「公道」の理念があることが分かったと説いたのだと示唆している。ともかく明治初期は諸列強の国際関係にならいつつ独立を守ることが課題で、そのためにたとえば普仏戦争の経緯から多くを学んだのだという。そこから、征韓論に話が転じていく。

明治初期には征韓論に抑制が働いていた。一部の士族層のみの関心事だったと著者はいう。「しかし、征韓論など東アジアへの膨張論それ自体のもった意味については、検討を加えておく必要があるでしょう。征韓論の底流にある考え方の一つは、太平洋戦争まで一貫してみられる、対外膨張論の重要な要素であるからです。」ここで重要なのは、征韓論が王政復古と密接に結びついていたことだ。

（吉田）松陰は、列強との交易で失った損害を朝鮮や満洲で償うべきであると論じつつ、国体の優秀性を皇統の永続性に見出し、天皇親政がおこなわれていた古代における三韓朝貢という理想のイメージに基づいて、朝鮮服属を日本本来のあるべき姿として描き出しました。木戸（孝允）は日記のなかで、「速に天下の方向を一定し、施設を朝鮮に遣し、彼無礼を問ひ、彼若《もし》不服《ふくさざる》ときは、鳴罪攻撃、其土大に神州の威を伸張せんことを願ふ」と述べています。（四四頁）

著者はこの考え方は、「西洋列強の抑圧に抗して、日本を盟主にアジアの結集をうったえた」（平石直昭）アジア主義の源流となったものだという。実際にはアジア諸国と同盟を組むアジア主義というより、宗教的国体論にのっとり精神的優越を掲げてアジアを力で従えようとし、「八紘為宇」にひきずられていったのだったが。

では、この拡張主義的な思想的底流と、時代時代の「戦争を肯定するわけ」との関係はどこまで明らかにされているだろうか。著者の解説を読んでいくと、拡張主義は国民の側から求められる側面が強く、国民こそが自らの力の発露として戦争を望み戦勝を誇っていたとの印象が強く残る。たとえば日露戦争後の日比谷焼打事件について、著者は「戦争で疲弊した都市下層民の不満」の爆発と捉えるのでは不十分だという。日比谷公園が戦争中に祝捷会が盛んに行われていた場所でもあったことに注目すべきだ。

そうであれば、自分たちがこれまで主体的に戦争にかかわって得た成果を、政府と全権委員会が台無しにしたことに対して、国民が呆然とした感覚を味わい、「国民の元気」で勝てた戦争はいったいどこへ行ってしまったのか、と失望感に襲われたために起こしたとみることができるでしょう。（一六五頁）

西洋列強との国際交渉の中で明らかにされていく「戦争を肯定するわけ」と、明治国家の民衆教化にそって形成されていった下からの拡張主義的国体論とはどのように関わり合っていたのか。本書の叙述で理解が深まるところが多々ある。だが、さらにこの主題に即して「国民の元気」の変遷に焦点を合わせ、そこから国際関係や軍事思想を見直していくことで、無謀な戦争を「二度と繰り返さない」ために何が必要か、いっそう明らかになってくるだろう。

天皇制超国家主義の無責任体制を明らかにしようとしたのは丸山真男だったが、その後の世代の諸分野の学者たちは、柳田国男らの研究に学びつつ天皇制国家の指導層と民衆の意識との関係についてさまざまな探究を行ってきた。「戦争を肯定するわけ」にもこの視角は有効だろう。それはまた、科学技術立国の理念が原発安全論に呑み込まれてしまったわけや、経済発展を望む国民が政財官学報の指導層を後押しして安易な原発推進路線をチェックできなかったわけを問う際にも、大いに役立つ視点を提供してくれるに違いない。

高橋源一郎

非常時のことば

朝日新聞出版、二〇一二年刊

東日本大震災と福島原発事故が起こり、私たちの生活は大きく変わった。だが、変わったといっても必ずしも生活形態が大きく変わったわけではない。だが、何かが変わった。それは災害が来ないとは前提とできなくなったということかもしれない。無残な死を迎えた多くの人々のことをおぼえており、また災害による悲しみや苦しみがなお重くのしかかっている人たちがいるということかもしれない。あるいは、原発の被害に対する懸念が続き、原発をやめるかどうか、放射能の高い地域から離れるべきかどうかについて激しい論戦に悩まされざるをえないということかもしれない。

だが、著者はそのような説明にはあまり関わりあおうとしない。そして「ことば」、「文章」の事柄として変化を受け止めようとする。だから説明を求める者はとまどうかもしれない。著書は意図的にそうしている気配で、説明せずに自分自身が感じたことを大事にするということ。それ自身、本書が押し出そうとしているモラルに関わる何かと言えるかもしれない。
だが、以下の部分にはかなり大きな手がかりが示されている。

「あの日」の後、ぼくの中に、ある変化があった。そして、その変化を、ぼくだけでなく、たくさんの人たちが感じたのではないかと思う。／では、どんな変化だろうか。それは、あらゆる場所でのことなので、それから、はっきりした大きな変化もあれば、ほんとうに微妙な、あるかなきかの変化もあるので、うまく説明することはむずかしい。／でも、一つだけ、誰にでもわかる形で説明できることがある。／「あの日」から、読めなくなった文章がある、ということだ。（一五四―五頁）

これまでふつうに読めた文章に違和感を覚えて読めなくなってしまったという。もう一つ踏み込んでこうも述べている。「「あの日」から、世界のどこかに歪みが入ってしまったか、小さな、目に見えないような、ひびが入ってしまったのだ」（一五五頁）。つまり、傷つきやすい、壊れそうな世界に今いると感じ、そのことを無視して平気でいるかのような文章が読めなくなってしまったということだろう。

おそらく、ぼくたちは、気づいてしまったのだ。ぼくたちが生きている世界は、ぼくたちがなんとなくそう思ってきた世界より、ずっと、傷が多いことを。多くの欠陥を持っていることを。いや、ほんとうは、薄々、そんな気がしてきたのに、知らないふりをしていたのかもしれない。

いまでも、ぼくたちは、世界がどんな風にできているのか、世界でなにが起きているのかを、正確に知っているわけじゃない。でも、突然、目の前の「壁」にできた、近づいて見ないとわからないほどの、小さな隙間から、冷たい風が吹いてくるのを感じている。

そして、その風を浴びると、「あの日」の前のように、はしゃぐことができないのである。

（一五五—六頁）

「「あの日」の後」は「非常時」とも言い換えられている。「非常時」には借り物の言葉では通用しなくなる。ふだんなら、ほんとうに自分のことばなのかどうか、あまり気にせずに使っている。時々、それでいいのかと不安になることもあるが、「それだってかまわない」。ところが「非常時」にはそういかなくなる。

誰かに、ことばを借りようとしても、貸してくれる人がいないことに、あなたは驚く。その時、初めて、ぼくたちは、自分のことばを使わなければいけなくなる。そして、そんなことばを、実は、持っていなかったことに気づくのである。（二七頁）

あらためて自分を見つめ直さないと文章を書くこともできない。また、そうした眼差しが感じられない文章は読むことができなくなるという。これだけの衝撃に襲われて感情に引きずられざるをえない。感情に引きずられるのは当然だ。だが、それでもその自分の足元を見つめているようなことば、それが著者のよしとする「非常時のことば」だ。

たとえば、石牟礼道子氏の『苦海浄土』（講談社、一九六九年）だ。科学技術が引き起こした災害として、水俣病と原発災害とは似ている。福島原発災害は広島・長崎の原爆の被害者、ビキニ核実験で被災した第五福竜丸の被害者、そして水俣病の被害者のことを思い起こさせた。では、今、『苦海浄土』のどのような言葉が胸に響き、傷ついた世界に不似合いではない「非常時のことば」となりうるのだろうか。以下は、「あねさん」とよばれている書き手石牟礼氏が、胎児性水俣病の杢太郎少年の祖父から聞き取ったことばを記したものだ。

きたかきたか、杢。

ここまでけえ、爺やんが膝まで、ひとりでのぼってみろ。

おうおう、指もひじもこすり切れて、血のでとる。今日はえらいがま出した（精が出た）ねえ、おまえも。（中略）
あねさん、こいつば抱いてみてくだっせ。軽うござすばい。木で造った仏さんのごたるばい。よだれ垂れ流した仏さまじゃばって。あっはっは、おかしかよい杢よい。爺やんな酔いくろうたごたるねえ。ゆくか、あねさんに。ほおら、抱いてもらえ。（六六頁）

これは「地獄」のような情景かもしれないが、しかし「天国」「浄土」ではないかと一瞬、感じると著者は言う。「地獄」とは、たとえば、「誰からも、何からも庇護されず、放置されているところ」であり、「痛みと悲しみと苦しみが、絶えずやって来るところ」であり、「未来も希望も一切ないと感じられるところだ」。だが、「爺やん」と「杢」のいるこの場所の風景はまったく異なる。


「あねさん、この杢のやつこそ仏さんでござす」

世界の苦しみを一身に受けたような孫を、「爺やん」は「仏さん」と呼ぶのである。「魂は底の知れんごて深うござす」と、畏敬に満ちて、話すのである。

ぼくたちは、問い返すべきかもしれない。

家族から、これほどまでに、深い愛情を、注がれる存在とは何なのか、と。（中略）

そのような無垢な愛情は、たとえば、母親が、生まれたばかりの赤ん坊に対して持つようなものではないだろうか。

だとするなら、「爺やん」は、その生涯の終わりに際して、すべてを受け入れる「母」ともなったのである。(七二頁)

著者はこの『苦海浄土』のような、「痛み」を深く感知し、そこから開けて来る祈りのような言葉を含んだ作品をいくつか紹介していく。そして、それら「足元」を見ていることばは、人々に上を向かせる演説のような文章に対置される。ただ、演説でもリンカーンのゲティスバーグ演説は違う。そこでは主に「死者」のことが静かに語られている。「この短い「文章」の中で、リンカーンは、ただ「死者」のことだけをしゃべっている」(一八四頁)。「「あの日」から。多くの文章が読めないものになったのは、ぼくたちが、「死者」を見たからだ。いや、この目では見なかったかもしれないが、「死者」たちの存在を知ったからだ」(同前)。「「上」を向く文章は、そのことを忘れさせる。「下」に、「大地」に、「根」のある方に向かう文章だけが、「死者」を、もっと正確にいうなら、「死者」に象徴されるものを思いださせてくれるのである」(同前)。

「あの日」、つまり三・一一の災害を通して私たちが担わざるを得なくなっているものについて、著者は「非常時のことば」が指し示す未来として示唆的に語っている。一つにはそれは、究極の痛みを負った存在としての死者とともにあることだ。また、もうひとつには、無条件で庇護される者としての子どもである。それらはともに孤独な地獄の淵にさらされながら、そこから立ち返ってくるはずの存在と言えるかもしれない。著者はそのことを、まど・みちおの詩を通して語っている。(以下の詩句は、二〇〇—二〇三頁)

「ぼくが　ここに　いるとき　ほかの　どんなものも
ぼくに　かさなって　ここに　いることはできない」ということ

これは「あの日」以来、心閉ざされている人たちの心象風景なのかもしれない。だが、それに続いて次のような詩句がある。

ああ　このちきゅうの　うえでは／こんなに　だいじに／まもられているのだ
どんなものが　どんなところに／いるときにも

こちらに焦点をあてるとこの詩は、閉ざされた孤独な「ぼく」について語っているのではなく、むしろ「まもられている」存在としての「子ども」のことを歌っているのだという。いや、そのような無力な存在としてあった自己を自覚することで、新たに自由を見出すのだという。「そのような「子ども」を前にする時、その「親」にとって「私」は消えている。執着の中心となった

「私」は存在しないのである。／だが、「私」は無になったのではない。肯定する視線となって、存在している」（二〇八頁）。

無力な存在としての「子ども」を通してようやく「私」が肯定されてくる。著者は「「私」は「私」を肯定するために、「私」以外の誰かを必要としていたのである」といい、こう説明している。

「私」以外の誰か、それは、ことばを持たない、「小さな」誰かのことだ。こちらから手を伸ばさなければ、助けなければなにもできない、か弱い、なにものか、のことだ。そのような者たちについて書かれた「文章」は、そのような者たちを庇護する人たちの行いに似て、囁くように語られている。ぼくは、いま、そんな「文章」なら、読むことができるのである。（二〇九頁）

この本は「こうこうすべきである」、「このようなことはすべきでない」などと述べていないが、倫理の根幹に関わるようなことを語ろうとしている。そして読み終わって、読者は自らを省み恥ずかしく思うかもしれない。だが、たぶんまた、少しほっとした気持ちにもなっている。

Ⅳ　この世の務めを超えるもの

時代が課す困難に抗いながら、特定の時代を超えるようなところで自らの倫理性の基盤を確かめていく必要がある。ここでは私にとって身近な東アジアと日本で、倫理性の基盤をどう自覚化していくかを考えている。中国や韓国との政治的緊張関係が高まる現代において、共通の倫理性の基盤である儒教について、また東アジアの伝統と近代の関わりの中でのアイデンティティについて考え直すことも助けになるだろう。

内村鑑三

後世への最大遺物

岩波書店、岩波文庫、一九四六年、改版二〇一一年刊
(初刊、便利堂書店、一八九七年)

日清戦争開戦の一八九四(明治二七)年、失業教員だった内村鑑三は若いキリスト教徒を前に自由闊達に思うところを語った。そしてその講話は『後世への最大遺物』として一八九七年に刊行された。当時の内村はどんな境遇にあったか。教育勅語に拝礼しなかったという理由で一高教員の職を追われ、混乱の中で妻の死に見舞われた。その後、職を求めて大阪、熊本、京都を転々とする失意の生活の中、何とか折れそうになる心を立て直そうとしているところだった。

この苦難を背負った内村が、やがて多くの前途有望な若者たちを奮い立たせるに至る。内村鑑三を慕う人々の中からは、日本の政治や文化を導く有力者が多数現れた。文部大臣――天野貞祐、

田中耕太郎、森戸辰男、前田多聞、東大総長――南原繁、矢内原忠雄、宮内庁長官――田島道治、国連大使――沢田蓮三、衆議院議員――鶴見祐輔、東京府知事――河西実三等々。作家では、国木田独歩、正宗白鳥、小山内薫、有島武郎、志賀直哉等々。学界にはまたたいへん多くの「弟子」がいた。関根正雄のようなキリスト教学者だけではない。南原繁、田中耕太郎、矢内原忠雄はそれぞれ政治学、法学、経済学の重鎮だった。

貧困の内に職を探していたひとりの知識人が、近代日本の精神文化を担う大指導者に転換していく。その謎を解く一つの鍵がこの書、『後世への最大遺物』にある。「この書」といったが、初版本には「内村鑑三口演」とあり、今ならさしづめ「講演筆記」だ。本文には時々「(笑声起る)」「(満場大笑)」などと挿入されている。聴衆の心をつかむ内村の人柄と才能(「カリスマ」というべきか)が偲ばれる、臨場感あふれるテクストだ。

高崎藩の武士の子だった内村は、少年の頃から頼山陽の「千載列青史」という詩句に親しんでいた。歴史に名を残す大人物になろうとする志を育む言葉だ。「末は博士か大臣か」とか「立身出世」という言葉がポジティブな意味をもち、お国の発展に貢献することがきわめて高い名誉と考えられていた時代だった。内村もそうした空気を吸って育った。だが、やがて人生の挫折、重い失望・落胆・落ち込みを味わうとともに、単にキリスト教を信ずるというのではなく、この世を超えて高い価値をもつ次元があるという認識を深め、解りやすく説くようになる。多くの若者が哲学や文学や芸術に、そしてその上位にある宗教に親しむのが当然と考えられる時代が来る。内村はその教養主義の宗教観にある深みを与える役割を果たした。

『後世への最大遺物』では詳しい説明がないが、内村はキリスト教に接することによって「厭世的の考」が生じるようになったという。現世的な欲望を満たしたり、名声を求めることに意義はない、それは異教的な考えだと悟るようになった。「肉感的」なものを根こそぎ取り去って、キリストによって天国に救われて未来永遠の喜びを得ようという考えに傾いていった。「この世の中に事業をしよう、この世の中に一つ旗を挙げよう、この世の中に立って男らしい生涯を送ろう、という念がなくなってしまいました。」「坊主臭い因循《いんじゅんてき》的の考えになってきました」（一四頁）。

しかし、考え直してみれば「千載青史に列するを得んという考えは、私はそんなに悪い考えではない、ないばかりでなくそれは本当の意味にとってみまするならば、キリスト教信者が持ってよい考え……持つべき考えではないか」（一六頁）と考えるようになった。ここには儒教的な素養をもった武士が仏教に社会性の欠如を感じてきた、江戸時代以来の伝統が作用しているとともに、現世を変革していく力をもつ近代科学への信頼が反映もしているだろう。

宗教を前提としても、来世を見すえるのではなくこの世で魂を磨いて、自らを高めていく必要がある。また、宗教を離れても、人として「清い欲」というものがあるはずだ。「この美しい国、この楽しい社会、このわれわれを育ててくれた山、河、これらに私が何も遺さずには死んでしまいたくない、との希望が起ってくる。」「私はここに一つの何かを遺して往きたい。」「かならずしも後世の人が私を褒めたって呉れいというのではない、私の名誉を遺したいというではない、ただ私がドレほどこの地球を愛し、ドレだけこの世界を愛し、ドレだけ私の同胞を思ったかという記念物をこの世に置いて往きたいのである。すなわち英語でいうとMementを残したいのである。こういう考えは美しい考えであります」（一七頁）。

死を思うとき、多くの人の心に兆す思いかもしれない。本書は時代を超えて人々の心に訴えるものをもつと私は思うのだが、それは今引いたような一節にもよく現れている。では人はいったい何を後世に遺すのか。まず出て来る考えは「金」だという。「後世に遺さんかと、思っておりしかというに、私は実業教育を受けたものであったから、もちろん金を遺したかった、億万の富を日本に遺して、日本を救ってやりたいという考えをもっておりました。自分には明治二十七年になったら、夏期学校の講師に選ばれるという考えは、その時分にはチットもなかったのです（満場大笑）」（二〇頁）。たとえば、フィラデルフィアのディラードというフランスの商人は子どももなく妻も早く死んだが、ひたすら金を稼いで世界一番の孤児院を築こうと仕事に精を出した。

だが、誰でも金をためる力を持っているわけではない。また何が何でも金を得ようとすれば無理が生じて、清らかでないことに向かわないとも限らない。そこで、次に考えるべきは金を使うこと、つまり「事業」を行うことだ。「ドウいう事業が一番誰にもわかるかというと、土木的の事業です。私は土木学者ではありませぬが、土木事業を見ることが非常に好きでございます。一つの土木事業を遺すことは、実にわれわれにとっても快楽であるし、また永遠の喜びと、富とを後世に遺すことではないかと思います」（三一頁）。

しかし、この事業を行うということも、地位や才能（内村は「天才」と述べているが、天賦の才能という意味）があって、あるいは友人や社会のサポートがあってこそ可能になることで、誰にでもできることではない。では、諦めるしかないのか。「それゆえに私に事業の天才もなし、またこれをなすの位地もなし、友達もなし、社会の賛成もなかったならば、私は身を滅して死んでしまい、世の中に何も残すことはできないかという問題が起ってくる」（三七―八頁）。

だが、そんな境遇にあっても、「私はまだ一つ遺すものを持っています。何んであるかというと、私の思想です。もしこの世の中において私が私の考えを実行することができなければ、私はこれを実行する精神を、筆と墨とをもって紙の上に遺すことができる。あるいは……私は青年を薫陶して私の思想を若い人に注いで、そうしてその人をして私の事業をなさしめることができる」（三八頁）。著述、文学、教育というような事柄を通じて、思想を後世に遺していくことができる。

「金」、「事業」に続いて内村は「思想」をあげる。

「思想」とか「文学」とかいうと難しいようだが、「われわれの思うままを書けばよろしいのです」（五〇―一頁）。お手伝い（下女）の女性が気持ちを込めて書いたシンプルな手紙は「多くのりっぱな学者先生の文学」よりも喜んで見る。「心情に訴えるもの」だからだ。実はここで内村はすでに「金」、「事業」、「思想」以上に大切な遺すべきものがあるという考えに踏み込み始めている。

確かに「金」や「事業」と比べれば「文学」、「思想」はやさしい。だが、「文学」や「思想」を強く後代に伝える人、たとえば文学者や学校の先生には誰でもなれるわけではない。それでは何も後世に遺すことができないと「悲嘆の声を発して……生涯を終る」ほかないのか。絶望は避けられないのだろうか。

「しかれども私はそれよりもモット大きい、今度は前の三つと違いまして誰にも遺すことのできる最大遺物があると思う」（五七頁）と内村は言う。ではその「最大遺物」は何か。「それは何であるかならば勇ましい高尚なる生涯であると思います」。「しかして高尚なる勇ましい生涯とは何であるかというと……すなわちこの世の中はこれはけっして悪魔が支配する世の中にあらずして、神が支配する世の中であるということを信ずることである。失望の世の中にあらずして、希望の世の中であることを信ずることである。この世の中は悲嘆の世の中でなくして、歓喜の世の中であるという考えをわれわれの生涯に実行して、その生涯を世の中への贈物としてこの世を去るということであります」（五八頁）。

具体的な例がいくつかあげられているが、わかりやすい例を紹介しよう。トーマス・カーライル（一七九五―一八八一）というイギリスの著述家のことだ。カーライルはライフワークとして『フランス革命』という大著を数十年かかって著していた。ところが、ある日、友達が借りて読んでいた原稿全体を無造作にテーブルに置いておいたところ、メイドが知らずに暖炉にくべて燃やしてしまった。コピーやファイルにとっておくなどということが考えもできない時代である。数十年の努力すべてがゼロになってしまったに等しかった。カーライルはすっかり気落ちしてしまって十日ばかり何もできすボンヤリしていた。そして腹が立ってしかたがなかった。だが、そこで彼は我に帰ってある考えにたどりつき、自分自身に言い聞かせた。

「「トーマス・カーライルよ、汝は愚人である、汝の書いた『革命史』はソンナに貴いものではない、第一に貴いのは汝がこの艱難《かんなん》に忍んでそうしてふたたび筆を執ってそれを書き直すことである、其が汝の本当にエライところである、実にそのことについて失望するような人間が書いた『革命史』を社会に出しても役に立たぬ、それゆえにモウ一度書き直せ」といって自分が自分を鼓舞して、ふたたび筆を執って書いた」（六二─三頁）。

これは私たちにも起こりそうなことで大したことではなさそうだ。だが、それだけになるほどと思うところがないだろうか。この心の転換はいざという時、たとえば死に直面した時、思い出すことができるかもしれない。小さな転換だが、生き方全体に関わることではないか。

その話はそれだけの話です。しかしわれわれはそのときのカーライルの心中にはいったときには実に推察の情溢《あふ》るるばかりであります。カーライルのエライことは『革命史』という本のためにではなくして、火にて焼かれたものをふたたび書き直したということである。もしあるいはその本がのこっておらずとも、彼は実に後世への非常の遺物を遺したのであります。

（六三頁）

これはキリスト教信仰を背景にして述べていることだが、特定宗教の枠を超え、あるいは宗教を信ずるか信じないかを超えて妥当することと内村は考えている。「後世のために私は弱いものを助けてやった」、「後世のために私はこれだけの艱難に打ち勝ってみた」、「後世のために私はこれだけの情実に勝ってみた」――こういう道を毎日歩むように心懸けてはどうか。そうすれば、

われわれの生涯はけっして五十年や六十年の生涯にはあらずして、実に水の辺《ほと》りに植えたる樹のようなもので、だんだんと芽を萌き枝を生じてゆくものであると思います。けっして竹に木を接ぎ、木に竹を接《つ》ぐような少しも成長しない価値のない生涯ではないと思います。こうした生涯を送らんことは実に私の最大希望でございまして、私の心を毎日慰め、かついろいろのことをなすに当って私を励ますことであります。(七四頁)

明治の精神界の指導者の言葉だから、今から見るとその「勇まし」さや「高尚」さ、建設に向けた力強い前向き姿勢に、ついて行けないと感じるかもしれない。前途有望な若者に向けたメッセージなので、がんばりすぎ、元気よすぎとの感想もあるかもしれない。だが、挫折の中からかろうじて一歩をふみ出し、なお困難を背負って行かなくてはならない人たちの心に深く訴えるものがあるのではないだろうか。敗戦に続いて大きな挫折を味わいつつある私たちが、明治のリーダーたちから受け取ることができる、一つの「後世への最大遺物」が確かにそこに見いだせるのではないだろうか。

竹内 好

魯迅

講談社、講談社文芸文庫、一九九四年刊
（初刊、日本評論社、一九四四年）

「阿Q正伝」、「狂人日記」、「藤野先生」などの作品で知られる魯迅（一八八一―一九三六）は、単に中国近代文学の代表的作家であるに止まらない。魯迅の生きる姿勢（作品そのものが示す生きる姿勢）に人を魅了して止まないものがある。現代中国、現代東アジアに生きる者が自らの位置を捉え返す際にも重要なてがかりを示してくれる存在と言ってもよいだろう。

東大で中国近代文学を教えている藤井省三氏は、その著『魯迅』（岩波新書、二〇一一年）の冒頭で、「現代中国は、魯迅文学を抜きにしては語れません。そして日本や東アジアの現代も、魯迅文学を座標軸として展望しますと、その個性と共通性とがよく見えてくるものなのです」（ⅰ頁）

と述べている。

藤井氏によると作家の村上春樹氏は「阿Q正伝」に深い影響を受け、一九八二年に「Q氏」が登場する短編小説を書いており、「その後もQ氏の兄弟たちを描き続けている」という。その村上春樹は「阿Q正伝」をこう紹介しているという――「作者が自分とまったく違う阿Qという人間の姿をぴったりと描ききることによって、そこに魯迅自身の苦しみや哀しみが浮かび上がってくるという構図になっています。その二重性が作品に深い奥行きを与えています」（藤井『魯迅』二三二頁）。

では、「阿Q正伝」とはどのような作品なのか。藤井氏による紹介を引かせてもらう。

そもそも「阿Q正伝」とは、清朝「ラストエンペラー」期の未荘《ウェイチュワン》という村の日雇い農民阿Qを主人公とする短編小説である。村中の人からいじめられ笑いものにされても、「我こそは自らを軽蔑できる第一人者」などと屁理屈をこねては自己満足していた阿Qは、清朝打倒の辛亥革命（一九一一年）の噂にあわてふためく地主たちを見て革命党に憧れるが、未荘では日本留学帰りの地主の若旦那らがさっさと革命党を組織してしまい出る幕もない。やがて趙家で起きた強盗事件の犯人として逮捕され法廷に引き出され、本人も訳も分からぬうちに銃殺されてしまい、未荘の人々はこれを楽しげに見物するのである。

魯迅はこの作品で、自らの屈辱と敗北をさらなる弱者に転嫁して自己満足する阿Q式「精神勝利法」をペーソスたっぷりに描いて中国人の国民性を批判するとともに、草の根の民衆が変わらぬ限り革命はあり得ないとする国家論を語ったといえよう。（同、二三三―四頁）

「阿Q正伝」という作品に代表される魯迅、すなわち言葉を通して行動する者としての魯迅の姿勢や身の処し方、これは短い語で名づけにくいものであるが、「倫理」、「思想」、「文学」などの言葉でおおよそ捉えることができるかもしれない。だが、魯迅という人物が確かにそこにいるというその場所が何かについて、多くの論者はある程度一致しているようだ。では、その場所を最初に指し示したのは誰か。それは竹内好（一九一〇―七七）だと、現代中国の文学・思想研究者、孫歌氏（中国社会科学院文学研究所）は確言している（『竹内好という問い』岩波書店、二〇〇五年）。

魯迅研究の記念碑的著作として、『魯迅』は全世界の魯迅研究者の必読書となっている。そこに提示された傑出した分析と非凡な結論は、日本と中国のその後の魯迅研究者に影響を与え、例えば魯迅における生死の観念や虚妄の観念をめぐる分析、あるいは魯迅研究の非イデオロギー化に向けた意味内容等々は、後世のものに直接、または間接的に、偶像魯迅から抜け出すための可能性を示唆してくれる。（孫歌『竹内好という問い』三〇頁）

その竹内好『魯迅』は一九四四年に刊行されている。脱稿して三週間後に竹内は召集令状を受け取り、中国に出征した。すでに一九三二年、三七―三九年の二度、中国に滞在の機会があった。二度目は魯迅の死の直後だった。『魯迅』の冒頭部で、竹内は魯迅の死についてこう述べている。

十月十九日未明、彼は死んだが、死の瞬間においても彼は文壇の少数派であった。彼は死ぬまで頑強《がんきょう》に自己を守ったのである。この時の彼と多数派との対立は、彼の死によって無意味化された、と云うよりもむしろ、彼の死がその無意味な対立を救い、そのことによって、生前啓蒙《けいもう》主義者としての彼の何よりも欲したであろう、かつ文学者としての気質がそれに背《そむ》いたであろう文壇の統一が、彼の死後に実現を見た。（七頁）

竹内は魯迅を「殉教者」ともよぶのだが、それは彼が死を覚悟しながら、一つの譲れない姿勢を貫いたことを指す。竹内はその姿勢を直観しているが、それは単純な熟語で示したり平明に説明できるようなものではないと信じている。だから竹内の『魯迅』も必ずしも明快な書とはいえない。それでも竹内が説明しようと骨を折っているのは確かであり、それは総体としてまことに力強い説得力のあるものとなっている。

あえてその魯迅ならではの「姿勢」を短い熟語で示そうとする時には、「文学」とか「孤独」とか「贖罪」といった用語が用いられている。

論争のない文壇を現出させたものは、彼の死である。死は魯迅にとって、肉体の静謐《せいひつ》さだけでなかった。（中略）彼は論争を通じて、何物かを得ていったのである。あるいは、何物かを棄てていったのである。窮極の静謐さを求めずして出来る業《わざ》ではない。論争は魯迅にとって「生涯の道の草」であったろう。（中略）「私は牛のようなものだ。食うのは草で、搾《しぼ》り出すのは乳と血だ。」乳と血を搾り取ったのは青年たちである。彼らはただ、身近すぎて牛を忘れていた。牛が身を横えて動かなくなったとき、愕然《がくぜん》として牛を意識した。今まで魯迅の名で呼んでいたものが、実は彼ら自身であることに気がついた。魯迅にとって、死は彼の文学の完成である。しかし青年たちは、はじめて自己の孤独を知った。（八―九頁）

魯迅は仙台医学専門学校（後の東北帝国大学医学部）に留学し、医学を通して中国の民衆を救いたいと考えた。文学に転じてからも、人々のために役立つことを忘れたわけではない。だから論争も徹底的に行ったのだが、それは啓蒙家、思想家としての魯迅だ。だが、竹内が語ろうとするのは、そのような見えやすい社会的存在としての魯迅の背後にある孤独であり、生きる姿勢（倫理）の根となるものであり、それが魯迅の「文学者」としての真実だと竹内は捉えている。

私は、魯迅の文学をある本源的な自覚、適当な言葉を欠くが強いて云えば、宗教的な罪の自覚に近いものの上に置こうとする立場に立っている。魯迅にはたしかに、そのような止《や》みがたいものがあったことを私は感ずる。魯迅は、一般に支那人がそうであると云われるような意味では、宗教的ではない、むしろ、甚《はなは》だしく無宗教的である。この「宗教的」という言葉は曖昧だが、魯迅がエトスの形で把《とら》えていたものは無宗教的であるが、むしろ反宗教的でさえあるが、その把持《はじ》の仕方は宗教的であった、という風の意味である。（中略）彼は先覚者でなかったように、殉教者でもなかった。しかし、その現れ方は、私には殉教者的に見える。魯迅の根柢《こんてい》にあるものは、ある何者かに対する贖罪《しょくざい》の気持でなかったかと私は想像する。何者に対してであるかは、魯迅もはっきりとは意識しなかったろう。（一一―二頁）

竹内の言わんとするところを私なりに解説しよう。「阿Q正伝」の主人公の悲しみを作者は突き放すように描きつつ、それを自らのこととして受け止めていないわけはない。阿Qの隷属と屈辱を克服すべく魯迅は闘うだろう。啓蒙家としての魯迅だ。だが、それでも悲しみが癒されるわけではないし、内心の苦闘が解決されたわけではない。死を媒介せずに癒しはないのではないか。

人は生きねばならぬ。魯迅はそれを概念として考えたのではない。文学者として、殉教者的に生きたのである。その生きる過程のある時機において、生きねばならぬことのゆえに、人は死なねばならぬと彼は考えたと私は想像するのである。それは、いわば文学的な正覚であって、宗教的な諦念《ていねん》ではないが、そこへ到るパトスの現れ方は宗教的である。つまり説明されていないのである。窮極の行為の型として魯迅が死を考えたかどうか、前に述べた如く私には疑問であるが、彼が好んだ「掙扎《そうさつ》」という言葉が示す激しい悽愴《せいそう》な生き方は、一方の極《きょく》に自由意志的な死を置かなければ私には理解できない。(一二一―三頁)

この「掙扎」という語について、竹内は後に「自註」を付してこう説明している。「掙扎 cheng-cha という中国語は、がまんする、堪える、もがくなどの意味をもっている。魯迅精神を解く手がかりとして重要だと思うので、原語のまま、しばしば引用してある。強いて日本語に訳せば今日の用語法で「抵抗」というのに近い」(一九五頁)。

この「掙扎」が何を意味するかを理解するには「藤野先生」と、それについての竹内の論及を参照するのがよいだろう。この短い作品は日本語がまだ巧みではない魯迅を親身になって指導してくれた仙台医専の解剖学の教員への敬愛を語りつつ、留学生としての苦難の経験をさりげなく回想したものだ。

竹内はこう論じる。「魯迅が、仙台の医学校で、日露戦争の幻灯を見て志を文学に立てたという話は、あまねく人口に膾炙《かいしゃ》している。これは彼の伝説化された一例であって、私はその真実性に疑を抱く」(七二頁)。幻灯が映し出す中国人、見せしめにされる同胞を「見物している」中国人の姿に衝撃を受けたということになっている。

愚弱な国民は、体格がいかに健全であろうとも、いかに長生きしようとも、結局何の意義もない見せしめの材料と見物人になるだけではないか。病死の多少など必ずしも不幸とは云えぬのだ。されば、われわれの第一要著《ようちゃく》は、彼らの精神を改変するにある。そして精神の改変に有用なものは、当時の私の考えでは、当然文芸を推さねばならなかった。（七三―四頁）

「阿Q正伝」などの短編を集めた最初の作品集『吶喊』の自序ではそう述べている。これは啓蒙家、思想家としての魯迅の言葉だ。だが、「藤野先生」には幻灯事件の前にもう一つの事件があったことが記されている。「それは、藤野先生が彼のノオトを直してくれたことから、一部の同級生が試験問題を漏《もら》したのではないかと邪推《じゃすい》し、いやがらせをやる事件である」（七六頁）。この「嫌がらせ事件」なる屈辱の体験を踏まえれば、「幻灯事件」も異なる見え方をする。

彼は幻灯の画面に、同胞のみじめさを見ただけでなく、そのみじめさにおいて彼自身を見たのである。それは、どういうことか。つまり彼は、同胞の精神的貧困を文学で救済するなどという景気のいい志望を抱いて仙台を去ったのではない。恐らく屈辱を噛むようにして彼は仙台を後にしたと私は思う。（中略）屈辱は、何よりも彼自身の屈辱であった。同胞を憐むよりも、同胞を憐れまねばならぬ彼自身を憐れんだのである。同胞を憐れむ傍ら文学を考えたのではない。同胞を憐むことが、彼の孤独感につながる一つの道標となったまでである。幻灯事件が彼の文学志望と関係があるとすれば、そしてそれは確かに関係のないことではないが、幻灯事件そのものが、彼の回心を意味するのでなく、彼の得た屈辱感が、彼の回心の軸を形成するさまざまの要素の一つに加わったろうということである。（七七―八頁）

「回心」という語で示されている事柄を、竹内は「無」の根底的な自覚（後に付加された自註一二ではこうした難解な哲学的表現を「思想的な貧しさのあらわれ」と述べている）とも言っている。それは屈辱を「噛みしめる」ところに生じるものだろう。竹内は「阿Q正伝」をそのような「回心」の表現として読む。魯迅を師とよぶ竹内が切り拓いた倫理的なビジョンの地平を理解する一つの手がかりがそのあたりにありそうだ。

加地伸行
儒教とは何か

中央公論社、中公新書、一九九〇年刊

倫理・道徳といえば儒教を思い浮かべる人は少なくないだろう。戦前、学校で暗誦させられた教育勅語では、「我カ臣民克ク忠ニ克ク孝ニ」とあり、さらに「父母ニ孝ニ兄弟ニ友ニ大婦相和シ朋友相信シ恭倹己レヲ持シ博愛衆ニ及ホシ學ヲ修メ業ヲ習ヒ以テ智能ヲ啓發シ德器ヲ成就シ進テ公益ヲ廣メ」等の教えが説かれ、これらが倫理・道徳の基本と考えられた。戦前はこの教育勅語の趣旨にそう「修身」の科目があったが、それにあたる戦後の科目は「道徳」や「倫理」である。

そして、教育勅語に説かれる道徳の最初に出て来る「克ク忠ニ克ク孝ニ」、「父母ニ孝ニ兄弟ニ友ニ夫婦相和シ朋友相信シ」が、父子の親、君臣の義、夫婦の別、長幼の序、朋友の信を説く儒教の「五倫」に対応している（「君臣の義」は他の箇所に出て来る）と考えるのは自然である。五倫は関係の種別に応じた徳目の提示だが、それと並び称される五常は「仁義礼智信」であり、常識としてはこの五常五倫こそ儒教の教えの柱だと解されている。つまり儒教とは倫理・道徳の教えであり宗教ではないとするものだ。事実、大学の教室やカルチャーセンターのような市民教室で、「儒教は宗教と考えるか道徳と考えるか」を尋ねると大半の人が儒教は宗教ではないと答える。

これに対して儒教は宗教であり、宗教であることこそ儒教の本来的な性格だとする捉え方がある。この儒教＝宗教説もひとまとめにはできないが、読みやすく論じられているとともに、日本の文化を考え直す上でとくに示唆に富むのが本書である。

加地氏は儒教には「宗教性」と「礼教性」（道徳性とほぼ同義）の両面があるという。では、儒教の宗教性は何に由来するか。死者に礼を尽くすこと、それによって死を超えて生命の連続性が保証されるところにある。すなわち祖先崇拝である。加地氏は東アジア（東北アジア）の文化の共通の基盤がここにあると論じる。

私はあくまでも、その家父長制・礼教性をさらに根本的に支える基礎である宗教性をこそ見るべきであると考える。つまり、儒教文化圏を歴史的に継続せしめてきた根本は、儒教の宗教性にある、と。

その儒教の宗教性とは、現世を快楽とする東北アジア人の現実感覚にふさわしい死ならびに死後の説明理論である。そしてそれは、具体的には祖先崇拝として存在する。この、祖先崇拝と結びつく宗教性に基づく儒教の政治的・文化的影響を、有史以来、今日に至るまで受けている中国・朝鮮・日本を一つの文化圏と考えることができる。このように〈孝とりわけ祖先崇拝を核とする儒教によって歴史的・宗教的に一体化されている文化圏〉というのが儒教文化圏の概念である。（四八―九頁）

このような加地氏の儒教理解は、儒教の成立・発展の歴史的な理解と、死をめぐる宗教文化としての独特の儒教理解にそって論証されている。

歴史的な理解という点では、加地氏は孔子以前に宗教的儀礼を司る存在として儒者のもととなる存在、すなわち「原儒」が存在したとする。『論語』「為政篇」には生前・死後の親への孝と礼を説いた次の一節がある。

生《せい》〔生きている親〕に〔対して〕は、これに事《つか》うるに礼をもってし、〔親の〕死に〔対して〕は、これを葬るに礼をもってし、〔忌日などに、祖先〕これを祭るに礼をもってす。（七八頁）

では、このような礼を司るのはどのような人々だったか。それが「原儒」であり、孔子の母はそうした原儒のひとりだったという。だから孔子は子どもの頃から死を見慣れてきた。

原儒の宗教性においては、死者の存在が身近に感じられてきた。だから、原儒の中にはシャマン的な機能も含まれていたかもしれない。だが、孔子はそうした側面は好まなかった。「子（孔子）は怪力・乱神を語《つ》げず」（『論語』述而篇）とあるとおりだ。そこで加藤常賢が「小人儒」が司る事柄とみた「祈祷ごと」の類は遠ざけられ、「君子儒」として政治や知識の側面での洗練の方向に向かった。そうした洗練の核心的な内容には、「仁」を倫理・道徳の普遍的な理念へと高めていくことも含まれていた。それまでの「仁」には特定の他者の自分への愛を期待し、迎合するような「消極的な小さな「愛」」の側面も含まれていた。

しかし、孔子は、「仁」をそうした消極的な愛とするのではいけないとした。もっと積極的に他人を愛する在りかたでなくてはならないとしたのである。その議論が『論語』の中に充ち充ちている。弟子に「仁」とは何かと問われたとき、孔子は、はっきりと答えている、「人を愛す」（顔淵篇）と。自分からの積極的な愛であるから、他人が自分に対してどうかという心配もない。「仁者《じんしゃ》は憂《うれ》えず」（憲問篇）。その仁は、主体的なものであるから、実行にためらいはない。「仁〔の実行〕に当りては、師に〔対して〕も譲らず」（衛霊公篇《えいれいこう》）。こうした仁の様子は、弟子たちに脈々と受け継がれてゆく。（力をつくして行なう）「力行《りきこう》〔は〕仁に近し」（『中庸』）と。（八一頁）

この側面だけが強調されていけば礼教性が強調され、儒教はもっぱら倫理・道徳の教えという方向に進んだだろう。しかし、孔子や孔子学派はこの仁を孝と結びつけた。「仁は人なり」（『礼記』中庸篇）にはさまざまな解釈がある。「仁を行う方法は、人々と親しみあうしかたにある」とか、「仁とは、人間のしぜんな感情である」とされている。いずれにしろ、それは「親しい者へ最も愛情を注ぎ、親しさの程度が低くなるにしたがって愛情も薄くなってゆくということだ」とされる。だからすぐ続いて「親（親しい者）に親しむを大となす」と述べられている。

とすれば、仁愛の最高度は、親しい者への愛すなわち孝となる。孔子は言う、「孝・弟（弟とは悌のことで、年少の者が年長の者によく従うこと）は、仁の本なり」（『論語』学而篇）と。

そうすると、ここで、仁が孝〔悌〕に基礎づけられたことになる。（八三頁）

孔子の弟子で孝をとくに重んじたのは曽子だが、曽子は死に臨んでその弟子たちに「予《わ》が足を啓《ひら》け。予《わ》が手を啓《ひら》け」（『論語』泰伯篇）と言い、身体が完全で傷つけていないことを見せ、それを誇った。「曽子は言う、自分は「戦戦兢兢《せんせんきょうきょう》として、薄氷《はくひょう》を履《ふ》むがごとく」注意深くこの身体を傷つけないように生活してきた。なぜなら、自分の身体は父母の遺体《なきがら》だからである、と」（六七頁）。『孝経』は曽子の学統により述作されたものとされるが、そこには「身体髪膚、これを父母に受く。あえて毀傷《きしょう》せざるは孝の始めなり」とある（六七頁）。これが丁寧な葬儀やその後の祖先祭祀につながるものであることは明かだろう。加地氏はそこに「孝の生命論」を読みとる。

　孔子は礼についても詳しく述べたが、死後の喪はとくに重んじられた。「父　在《いま》せば、その志《こころざし》を観《み》、父　没すれば、その行ないを観る。三年父の道を改むることなきは、孝と謂《い》うべし」（『論語』学而篇）（六〇頁）と。孔子自身は早くから両親を失っていた。その孔子がかくまで孝を尊んだのはなぜか。

> 私は、孔子が孝を重視したのは、時代の意識の単なる反映ではなくて、もっと主体的な自覚があったのではないかと思う。当然、その自覚に至る契機が必要である。それはいったい何であったのだろうか。結論を先に言えば、それが死であると考える。（六〇頁）（中略）
> 　孔子のこうした死の意識は、観念の上だけのものではない。現実に意識するできごとがあった。それは、七十数歳の最晩年を迎え、実子の伯魚《はくぎょ》を病気で失い、最愛の弟子の顔淵《がんえん》や子《し》路《ろ》が先立っていったのである。これら一連の事件は非常に重要である。顔淵の死に際して孔子の、「ああ天　予を喪《ほろ》ぼせり。天　予を喪ぼせり」（先進篇）という悲痛な歎きは、『論語』を読む者をして粛然とせしめる。
> 　死の意識――これこそ孔子をして孝の自覚に至らしめた最大の契機であったと考える。
> （六三頁）

　こうした加地氏の考えに全面的に賛同するかどうかは別として、儒教が死を超えて生命の連続を実感させる礼の秩序を尊んだこと、そこに儒教の宗教性のひとつの源泉があること、また儒教文化圏の庶民はこの側面で強い儒教の影響を受けて現在に至っていること――これらについての加地氏の指摘はもっともな点が多い。

　加地氏は孔子以後、儒教は国家と結びついて政治的な側面を深め、官僚や知識人中心の経学を作り上げていったことを強調している。そのため儒教は礼教性を強めるようになり、宗教性が背後に隠れるようになっていった。礼教性を尊ぶ知識人の儒教と家族の連帯と宗教性を尊ぶ民衆の儒教との間に分裂が生じるようになった。その詳しい叙述は省くが、㈠発生期の原儒時代、㈡儒教理論の基礎づけをした儒教成立時代、㈢その基礎理論を発展させた経学時代についてのまとめの部分を引用しよう。

　要するに、儒教は礼教性（表層）と宗教性（深層）とから成り立っており、大きく言えば、㈠は、礼教性と宗教性との混淆時代、㈡は、両者の二重構造の成立時代、㈢は、両者の分裂とその進行との時代である。その礼教性は公的・社会的（ただし、家族外が中心）・知的性格を有し、知識人（読書人）・官僚（士大夫）を中心として深化した。一方、宗教性は私的・社会的（ただし家庭内が中心）・情的性格を有し、一般庶民を中心に受け継がれてきた。ただし、礼教性と宗教性とは、家族論において重なりつつ、つながっている。（二二〇頁）

このような儒教の歴史の全体像にそって、日本での儒教の歴史をどう見るかも示唆されている。日本では「儒教」と意識されたのは知識人や官僚の礼教的儒教の側面だった。他方、宗教的な儒教は仏教と習合して懇《ねんご》ろに行われる葬祭に潜んでいる。だから、日本では儒教の形は見えないし、自らを語らない。日本だけでなく儒教は後代になって「沈黙の宗教」という性格をもつようになったが、それはとくに日本で顕著な特徴だ。

加地氏の儒教理解はきわめてユニークで啓発的だ。それは私たちが倫理・道徳をどのように考えてきたか、宗教をどのように考えてきたかを見直す上でも大いに助けになるものだ。また、日本人は自らの生活の基盤となる精神文化の土台を見直す上でも示唆するところが少なくない。倫理・道徳と死生観が密接に関わりあっているとの視点は重要だ。現代の生命倫理や環境倫理の諸問題を考察する上でもぜひ参考にしたい書物である。

竹内 洋

教養主義の没落――変わりゆくエリート学生文化

中央公論社、中公新書、二〇〇三年刊

「専門家」に対する信頼が揺らいでいる。科学を通してしか理解できない領域があり、科学者の力を借りてこそ作り出すことができるものがある。だが、科学者が単に「専門家」であるとしたらどうか。

専門家としての科学者が、それまで狭い専門の中で通用してきた領域を超えて新たな問いに出会うとさっぱり頼りにならないとすれば、それは科学（学問）のあり方に、また学び方に問題があるからではないだろうか。

大学は科学・学問の専門家を育てる機関と考えられている。だが、それだけではないはずだ。

大学は専門科学を超えて、人間の何を育てようとしているのか。個別の専門を超えて何を身につけさせようとしているのか。科学を身につけること、学問を学ぶこと、知的な素養を育てることの価値は何だろうか。

ここで「教養」という言葉に出会う。大学だけではない。そもそも学校教育は社会生活を行っていくための基礎的能力を養うとともに、社会の指導的立場で働くにふさわしい人間としての教養を身につけることを目指していると言えるだろう。

では、学校教育で、とりわけ大学で身につけることが期待されている教養とは何か。ある時期まではそれが何か、社会的な合意が成り立っていた。だが、この三〇年ほどの間にだいぶ分かりにくくなってきた。それはどうしてだろうか。

大学で一般教養教育というものが軽んじられるようになった。社会人として直ちに役立つ専門的能力を身につけることが重視される度合いが格段に強まり、一般教養に時を費やすのはむだだと考えられる傾向が強まった。学ぶ側も教養を身につけたいという欲求が後退した。早く専門的能力を身につけて社会の中で重要な役割を果たせるようになりたい。どこでどう役に立つか分かりにくい教養などというものが果たして必要なのだろうか。

狭い世界の専門家では困る、だが教養などというものに時間を費やしたくはない。現代の教育体制を悩ますこのような問題を考える際、「教養主義」について考えるのが役に立つ。教養が輝かしいものと見えた時代があった。それはいつ頃で、その時代に教養とはどのようなものとして人々に受け止められていたのだろうか。

二〇一一年現在、六〇歳代ぐらいの世代で大学教育を受けたものは、教養主義時代の「教養」のイメージを持っている。この世代の人々が大学に学ぶ頃までは、「知識人」や「インテリ」に存在価値があると信じられ、そうなるために哲学や思想や文学、あるいはマルクス主義を初めとする「社会科学」について学ぼうとする学生が多かった。

彼らが好んで読むのはもちろんコミック誌やファッション誌ではない。明治末から戦後の時期では、『中央公論』、『世界』、『改造』、『展望』などの総合雑誌や、『思想』、『文学』、『文学界』などの思想・文学専門誌が好まれた。文庫本は宗教・哲学・思想・文学の古典が多く、ドイツのレクラム文庫をまねた岩波文庫は権威ある教養文庫となった。岩波書店を始めた岩波茂雄は東京帝大では本科ではなく選科生という立場で聴講し、若くして古本屋を始めた。そして、夏目漱石の『こゝろ』を出版させてもらうよう漱石に頼んだ、これが大成功して、またたく間に岩波書店は教養主義を代表する出版社に成長した。本書にはこのような教養がいつ頃からいつ頃まで、どの程度好まれたのか、データを参照しながら示されている。

日本の教養主義は明治末に旧制高校とともに形成された。西洋先進国の言葉を学び、そこで尊ばれてきた書物による知識をわがものとし、それらについて難しい言葉を使って語りうるようになることが教養主義にとっての「教養」だった。文学部は就職して社会でよい地位に着くには都合が悪いが、「教養」の上からはその頂点に立つはずの学部だ。それは上流階級の文化ではないが、上流階級に対抗するための何かを身につけることができると考えたからだ。

著者はそれを「象徴的暴力」というやや難しい言葉で捉えようとする。教養主義の代表者の一人とされる和辻哲郎は一九一六年の「教養」というエッセイで次のように述べている。


君は自己を培《つちか》って行く道を知らないのだ。大きい創作を残すためには自己を大きく育てなくてはならない。（中略）君が能動的《アクティヴ》と名づけた小さい誇りを捨てたまえ。（中略）常に大きいものを見ていたまえ。（中略）世界には百度読み返しても読み足りないほどの傑作がある。そういう物の前にひざまづくことを覚えたまえ。ばかばかしい公衆を相手にして少しぐらい手ごたえがあったからといってそれが何だ。君もいっしょにばかになるばかりじゃないか（五四頁）

こうした教養観について、著者は「万巻の書物を前にして教養を詰め込む預金的な志向・態度である」という。「より学識を積んだ者から行使される教養は、劣位感や未達成感、つまり跪拝をもたらす象徴的暴力として作用する」。大学の講義やゼミや実験室で先生には頭が上がらないのは当然だが、専門領域のことにとどまらず、人間としての全体的能力として教養が足りないことが引け目を感じさせる。逆に教養を持てば尊敬され社会的立場も強くなる。

こうした教養主義の権力性は、日本の場合、地方と都市の関係とも関わっていた。地方から出てきて刻苦勉励して上昇しようとするエートスと教養主義が結びついていた。都市の上流や中流上層の子弟は教養主義を冷ややかに見ていた気配がある。とりわけ昭和初期や戦後はマルクス主義と教養主義が結びつく傾向が強かったので、それに距離をとるエリート候補の若者も少なくなかった。

一九三七年に完結した『三田文学』(慶應義塾の文芸誌)連載作品、石坂洋次郎『若い人』は函館のミッションスクールを舞台とした小説だが、リベラル常識派の「間崎先生」が教養主義の女子大出身「橋本先生」をこう批判する。「草深い片田舎から都会に出た女子学生がいつか都のハイカラな風に染まつて、淳朴《じゅんぼく》で皺《しわ》くちやな田舎の両親を、これが自分の生みの親ですと云つて人の前に紹介することを羞づかしがる、そんな軽はずみな気分のものを貴女《あなた》の古い物嫌ひの中に感じて仕方がないんです」(一七八頁)。

このような事情だから、教養主義青年は庶民の生活意識からもブルジョア的な文化意識からも離れている。戦後世代として後者に近い立場から、教養主義との決別を告げた青年作家の一人に一橋大学生だった石原慎太郎氏がいる。弟の石原裕次郎の自由な青春生活にも触発されながら、石原は一九五六年の『処刑の部屋』で教養主義を罵倒する大学生の主人公にこう語らせている。「厭《いや》な奴、厭な奴。小賢《こざか》しい奴。こ奴には張って行く肉体《からだ》がない。頭でっかちの、裸にすれば痩《や》せっぽちのインテリ野郎。こ奴等は何も持ってやしない。何も出来やしない。喋るだけ、喋《しゃべ》くって喋くって何も出て来ない言葉の紙屑《かみくず》だけだ。俺を見て、大学まで行ってと奴等は言うが、俺も人学まで行ってこ奴等みたいにはなりたかない」(七九頁)。

石原慎太郎氏が大学生だった時代に、大学進学率は急速な上昇を始めていた。大学進学率は一九六三年に一二・一%だったが、七五年には三七・八%になる。マス高等教育の時代である。大学卒業者がエリートになるという時代は終わった。著者は六九年に絶頂を迎える学生叛乱は、古い大学の「教養」の理想への反発という動機を宿していたと捉えている。

かれらのただのサラリーマンという人生航路からみると、教養など無用な文化である。教養はもはや身分文化ではない。かれらはこういいたかったのではないか。「おれたちは学歴エリート文化など無縁のただのサラリーマンになるのに、大学教授たちよ、おまえらは講壇でのうのうと特権的な言説(教養主義的マルクス主義・マルクス主義的教養主義)をたれている」、と。かれらは、理念としての知識人や学問を徹底して問うたが、あの執拗ともいえる徹底さは、かれらのこうした不安と怨《ルサンチマン》恨抜きには理解しがたい。(二一〇頁)

こうして教養主義は没落した。だが、それでは教養は不要になったのか。もちろんそんなことはない。学生自身も人間形成が必要であることを知っている。だが、筒井清忠や吉田純らのアンケート調査の分析によると、「現代の大学生は人間形成の手段として従来の人文的教養ではなく、友人との交際を選ぶ傾向が強く、同時にかつての文学書と思想書をつうじての人文的教養概念が解体している」（二三九頁）という。

なお教養が生きているとしても、ライトな「キョウヨウ」とでも言うべきものになっていると著者はいう。それは円滑な人間関係を志向しており、クラスの最大公約数的文化に同調するような性格のものではないか。「教養主義が大衆文化との差異化主義であるとすれば、キョウヨウ主義は大衆文化への同化主義である。とすれば、キョウヨウは……サラリーマン文化（平均人、大衆人）への適応戦略でしかないということになる」（二四〇頁）。

これは寂しいこと、また危ういことだ。そこで著者は社会学者井上俊氏の文化論を援用する。井上氏によると、文化には「適応」、「超越」、「自省」の三つの作用があるという。適応は実用主義と、超越は理想主義と、自省は懐疑主義と結びつく。一九七〇年代以降の状況は、「文化の適応機能が肥大し、超越、自省の作用の衰えによる一元化が急速に進行し、三つの作用の拮抗し補完の動的な関係が喪失している」（二四一頁）というのが井上の診断だ。

最後に著者は、旧制高校的教養主義から掬いあげるべきものは何かという問いを投げかけ、教養を尊びつつ、戦後の政界や実業界で活躍した二人の人物を取り上げている。前尾繁三郎と木川田一隆だ。木川田一隆は昭和教養主義の大御所、河合栄治郎に学び東京帝大経済学部を卒業し、労働問題に取り組もうと三菱鉱業の入社試験を受けた。ところが、面接委員と激論を戦わせてしまい不合格となり、結局、第二志望の東京電燈（東京電力）に入社した。著者はこういう。

木川田はそんな若い日の自分を振り返りながら、「このごろ入社試験の面接に立ちあっていて反骨精神に富んだ人物に出くわすとそのころのことを思い出して、微苦笑することがある」（「私の履歴書」）、と書いている。（二四五頁）

木川田が採用し、育て、後を託した人々が主導した東京電力のその後の展開が何をもたらしたか、私たちは見てしまった。木川田が今存命であれば何を語っただろうか。たぶん、著者の以下の締めくくりに賛同するに違いない。

教養主義が敗北・終焉し、同時に教養の輪郭が失われているが、そうであればこそ、いまこそ、教養とはなにかをことのはじめから考えるチャンスがやってきたのだともいえる。（中略）教養教育を含めて新しい時代の教養を考えることは、人間における矜恃と高貴さ、文化における自省と超越機能の回復の道の模索であることを強調して、結びとしたい。（二四五―六頁）

安冨 歩

生きるための論語

筑摩書房、ちくま新書、二〇一二年刊

聖典として尊ばれて来た書物は、人の生き方、考え方について本来的な意義をもつことを教えているだろう。これまで多くの人々がそう考え、聖典を読み解いてきた。だが、あらためて聖典が何を教えているのかを、各自それぞれの場所から捉え直すのは容易なことではない。

孔子の言葉を記した『論語』もそうした書物のひとつだ。倫理について根本的なことを説いている書物であることは確かだと思っていても、それが何であるのか述べるのは容易でない。専門家といえども読み解くのに大いに苦労する。だが、ここに『論語』を身読してきたひとりの専門家とはいえない学徒がおり、『論語』の説く倫理、あるいは「生きる技法」の核心と捉えたものを示そうとした書物がある。近代中国（満洲）経済を研究してきた経済学者であるとともに、「魂の植民地化」からの脱却を説く独自の思想の提唱者でもある安冨歩氏の『生きるための論語』がそれだ。

安冨氏によると『論語』の教えの核心には、自覚的に習得することの奨めがある。「学習とは何か」――これが『論語』のキモだという。事実、『論語』冒頭「学而第一」の一節は「小論語」ともよばれ重視されてきたが、「学ぶとは何か」について述べている。岩波文庫の金谷治による読み下しは以下のとおりだ。「子の曰《のたま》わく、学びて時にこれを習う、亦た説《よろこ》ばしからずや。朋《とも》あり、遠方より来たる、亦た楽しからずや。人知らずして慍《うら》みず、亦た君子ならずや」。

安冨氏はここに伊藤仁齋が「最上至極宇宙第一の書」と呼んだ『論語』の「基本思想が凝縮されている」、「その基礎概念は言うまでもなく「学」と「習」とである」と述べる。倫理の目標は他者と調和して生きていくことでそのためにこそ「学ぶ」必要がある。だが、「学んで思わざれば則ち罔《くら》し、思いて学ばざれば則ち殆《あやう》し」（為政第二、一五）とあるように、「学」には「罔」の字に表されるように、人を「何かにとらわれて、がんじがらめになって身動きがとれない状態」にしてしまう働きもある。これに対して、著者は自由に向かう過程として「学」から「習」への展開を想定する。では「習」とはどういうことか。

著者は『論語』の他の用法を参照しながら、「習」とは「身につく」ことだという。しっかり飲み込めて我がものになる、そういう学び取りを指すのだという。そう理解すると「学而時習之。

不亦説乎」はこう訳されることとなる――「何かを学んで、それがあるときハタと理解できて、しっかり身につくことは、よろこびではないか。」つまり、「学」の段階では、受け取ったものがまだ我がものになっておらず、囚われたところがあるのだが、「習」の段階では受け取ったものが「完全に身体化され」、細部に至るまで「無意識化され」て使いこなせるようになり、そこで「逆に全体が意識化され、『ああこれか』とわかる」ようになる。そこで「不必要なもの、余計なものは解除され」、「呪縛から抜け出」す。だから「喜びを感ずる」のだという(一九―二〇頁)。

この理解にそって、「小論語」のその後の言葉も解釈していくと「有朋自遠方来。不亦楽乎。人不知不慍。不亦君子乎。」は次のように訳すことができるという。「それはまるで、旧友が、遠方から突然訪ねてきてくれたような、そういう楽しさではないか。そのよろこびを知らない人を見ても、心を波立たせないでいる。それこそ君子ではないか」(二五頁)。

このような態度でつねに「学」び「習」おうとしている人が「君子」であり、そのような「君子が社会の中枢を担っていることが、社会秩序形成の基礎である」。孔子はそのような社会ビジョンをもっていた。「君子の徳は風で、小人の徳は草である。草の上に風が吹けば、必ずやなびく」(顔淵第十二、一九)とあるとおりだ。『論語』とは「学習に基づいた社会秩序」という思想を、最も早く明瞭に表現した書物であると著者は捉える。

これが儒家の言う「徳」による統治であり、その場合には人の振る舞いが「礼」に適っている。そういう徳が満ちている状態が「仁」である。あるいはまた、そのような学習過程が開いた個人の状態をも「仁」という。仁者は心がいつも安定しており、自分自身であることを失わない。それが「忠恕」であり、そういう人の発する言葉は、その人の心から乖離《かいり》しない。その状態を「信」という。（二七頁）

著者が「学習」ということに特別重い意味を付与していることが分かるが、その真意を理解するには、続いて論じられる「知」についての解説もじっくり読まなくてはならない。「曰く、由《ゆ》や、女《なんじ》に之を知るを誨《おし》えんか。之を知るを知ると為し、知らざるは知らざると為す、是れ知るなり」（為政第二、一七）。著者はこれは認識内容とその限界がともに分かってくること、つまり（知／不知）の区別が新たに自覚されることであり、「知」の創出が進んで行く動的な過程を示すものだという。ここには自分自身が変化していく過程とその自覚化があり、それにより明晰な自己認識が得られるのだ。自己のモニタリング（五七頁）（フィードバック）により、誤りを修正していく態度でもある。「学習」とは自己自身とその限界を知ることであり、そこに自覚の根があるので、どんなものに向き合っても動揺することはないのだという。

このような読みにそって、ふつう『論語』の倫理的教えの主要な徳目とされている用語を見直していくと、それらの用語が新たな輝きを帯びて見えてくる。たとえば、「忠」は主従関係での忠誠、あるいは他者の意志を尊重して背かないようにすることという意味ではなく、「たとえ君主を相手にしても、自分の心を偽らないことが忠である」（六〇頁）とされる。また、ふつう思いやりを意味すると解される「恕」は「ある状況のなかに魂を開いて自らの身体を置き、そのときの自分の感覚の与える意味を鋭敏に読み解くこと」（六九頁）と解される。

「忠恕」、「忠信」といった用語の説明を通して、著者が示そうとするのは、『論語』の根幹には自己に忠実であるべしとの教えがあるということだ。「巧言令色、鮮なし仁」（学而第一、三）、「剛毅木訥は仁に近し」（子路第十三、二七）などで直観的に分かる気がすることだが、「克己復礼」についての著者の説明を読むとさらに理解が深まるだろう。

「顔淵、仁を問う。子曰く、己を克《こく》して禮《れい》に復す、仁と為す」（顔淵第十二、一）――この一節について、これは自己否定を意味するのではなく、「自分自身の認めたくないつらい記憶と向き合い、恥じて、悲しみ、乗り越える」プロセス、「己を彫り刻むようなつらさを伴う」自己変革のプロセスなのだという。とすれば「克己復禮、為仁」とは、自分が無意識にしてしまった間違った行為を恥じ、自分自身のあり方に向き合い、己の魂の隠された傷を明らかにし、悲しみ、さらにそれを乗り越えることで、礼にかなった振る舞いができるようになる、こうすることが仁だ、という意味と解釈できる（八一頁）。

このように『論語』の教えを学習による自己変革、そして自己認識の深化による自由の拡充、ひいては「魂の脱植民地化」と捉えるとすれば、孔子の掲げる最高の徳である「仁」はどのように捉えられるのだろうか。「子曰く、仁遠からんや。我仁を欲すれば、斯《すなわ》ち仁至る」（述而第七、二九）について、著者は「「仁」を学習過程として理解すれば、この章を理解するのは難しくない」という。「己の魂の動きの、仁なるものと、不仁なるものを峻別する、その峻別ができたとき、己の不仁を改める回路が作動し始める。それと同時に、新たに仁とはなにかという問いが作動する。この過程が作動すればすなわち仁である」（一六六頁）。

「仁」とは選択を行うための規準なのではない。むしろ自ずから「道」をはずれずに歩んでいこうとする態度の中に「仁」はある。「学習過程」において自己に忠実であることが基本であるから、「和」や「礼」もそのような「学習過程」の自ずからなる帰結と見なされる。たとえば、「子曰く、君子は和して同ぜず、小人は同じて和せず」（子路第十三、二三）は次のように理解される。

自らの心を閉ざし、学習回路を停止している小人同士の「同」のなかで、表面的な礼儀作法をいくらやっても、「礼」は実現されない。仁の力により、人々の学習過程が作動するとき、真の秩序が達成される。そこでとり結ばれるコミュニケーションは、「礼」にかなっている。（一〇三頁）

安富氏の理解では、仁・忠・恕・道・義・和・礼は相互に関連しあっている。そして「論語の基礎概念系列」と呼ばれる。

「仁」は学習過程が開かれていることであり、「忠」はそのときに達成されている自分自身の感覚への信頼を表現する。そのとき他者との関係性において自分自身のあるがままである状態が貫かれており、これを「心の如し」という意味で「恕」という。この状態にある人は、自らの進むべき「道」を見出し、そこを進むことができる。この道をたどっている状態で出逢う出来事において為すべきことが「義」である。「仁」の状態にある者同士の、調和のとれた相互作用が「和」であり、そのときに両者の間で交わされるメッセージのあり方を「礼」という。(一一一頁)

このように自己の感覚に正直に、つねに「不仁」を悪《にく》み学習過程を重ねていく、そのような道を歩むことが孔子の教えだと著者は論じる。「それゆえ、君子の交わりは、相互に考えが一致しているかどうかなど問わず、むしろその相違を原動力として進む。こうした相互の違いを尊重する動的な調和を「和」という」(二〇四頁)。したがって、まずは目上の者に従うといった態度は、『論語』本来のものではないとされる。「「孝」というのは、親子関係が親密であって本当に慈愛に満ちているときに生じる、子供の自然な親への感情のことである」(一五五頁)。

著者の『論語』理解は、上下長幼の階層的な秩序を重んじるものと理解された儒教のあり方とは大いに異なる。そこに少し無理があるのではないかと疑ってみることもできるだろう。また、著者の提示する「学習過程」は、認知する個人を出発点に置く人間理解に即したものであるため、他者との関係や共同性をどう理解するのか、疑問が残らないわけではない。孔子理解、『論語』理解という点からも、現代人の自己理解という点からも、ここはなお著者に尋ねてみたいところだ。だが、『論語』のそこここに、このように理解できる倫理の方向性が示されているのは確かだろう。著者は『論語』のそうした側面を、現代情報学（サイバネティックス）の創始者の一人であるノーバート・ウィーナーや、現代的な非暴力思想の地平を切り拓いたマハトマ・ガンジーや、独自の現代経営思想を提示したピーター・ドラッカーに引き比べてもいる。これらは刺激的な論点を提示するものであり、自らの問題意識に引き寄せて読めるという利点もある。とにかく、聖典、古典を新たに読み直したいという意欲をかき立てる書物である。

V　悲しみとともに生きる

災害による死別や喪失で多くの方々が悲しみにくれた。「しみじみ無常を感じた」という話も度々聞いた。それは「力を落とす」経験でもあるが、また「生きる力」を学び取る経験でもあってほしい。ここでは、喪失による悲しみによって人生の真実を知り、生き方に深みを増していくことを教えている書物を取り上げている。それは日本の死生観の伝統、また文芸の伝統を見直すことにもなっている。

橋本峰雄

「うき世」の思想——日本人の人生観

講談社、講談社現代新書、一九七五年刊

死を意識し死者とともにあることを感じながら日々を充実して生きていく。齢を重ね衰えを感じたり、重い病気になったり、その他の理由で死を意識するときに、「いかに生きるか」という課題があらためて切実な問題として迫ってくる。だが、そうであるなら、そもそも人間は初めから「死すべき者」としての自覚を強くもち、それにふさわしい生き方を目指すべきではないか。仏教が「無常」の教説を掲げるときには、そのような考え方が土台の一部となっている。

東日本大震災を経て「無常」という言葉は新たに力を帯びてきている。多くの人々のいのちを瞬時に飲み込んだ災害を通して、私たちは「死すべき者」としての自らを省みざるをえなかった。

それは、仏教の教説によるだけではない。日本文化には広く無常観が浸透している。「祇園精舎の鐘の声　諸行無常の響あり」と『平家物語』は語り出され、「ゆく河の流れは絶えずして、しかも、もとの水にあらず」と『方丈記』は語り出される。だが、無常であるが故に弥陀の慈悲にすがり極楽浄土への往生を願い、ひたすら念仏にはげむという教えでは現代人の心には届かない。ところが、「無常」と密接に結びついたもう一つの概念がある。「うき世」だ。

「うき世」の語は室町時代から広く用いられるようになり、江戸時代の元禄期には日常用語として頻繁に用いられるようになった。ここには死すべき者として無常を意識し、この世の生のはかなさを自覚しながら、かえってこの世の生を尊んで生きていこうとする考え方が見られる。これは現代人にも響く「思想」でありうるのではないか。また、「うき世」の思想に日本人に特徴的な死の意識、そしていのちの限界と超越性の意識が見てとれるのではないだろうか。神戸大学で西洋哲学を教えるとともに浄土宗の僧籍をもっていた著者は、このような展望の下に日本の「うき世」観の歴史をたどっていく。

「うき世」という言葉は平安時代からあるし、その言葉の表す内容は万葉集にも見出すことができる。山上憶良は「世間《よのなか》を憂しとやさしと思へども飛び立ちかねつ鳥にしあらねば」と歌っている。この和歌には「憂き世」としての「うき世」の観念がすでに見えている。この意味での「うき世」の語が登場する早い例は平安時代前期の『伊勢物語』や『古今集』に見られる。

世の中にたえて桜のなかりせば春の心はのどけからまし（伊勢物語）

あしひきの山のまにまに隠れなむうき世の中はあるかひもなし（古今和歌集）

少し時代が下がって、平安末期、『新古今和歌集』にもっとも多くの歌がとられている西行は、家族のある若き武士だったが出家し高野聖となった。その西行にあっては、仏道修行と歌の道とが重なり合っていた。そこでの「うき世」は仏法の教えと深く関わるものだろう。

捨つとならばうき世を厭ふしるしあらむわれには曇れ秋の夜の月

鈴鹿山うき世をよそに振りすてていかになり行くわが身なるらむ

憂き世出でし月日の影のめぐり来て変らぬ道をまた照らすらむ

著者はこうした「憂き世」意識が極楽浄土信仰と結びつく傾向を重視しており、西行にも浄土信仰があったと述べている。また、「うき世」の観念は早くからこの世を「夢」と見る観念と結びついていた。たとえば、『古今和歌集』の壬生忠岑の歌と西行の歌を見てみよう。

寝るが中《うち》に見るのをのみやは夢といはむはかなき世をも現《うつつ》とは見ず（壬生忠岑）

世の中を夢と見る見るはかなくも猶おどろかぬ我が心かな（西行）

西行のいう「おどろく」は覚醒する、夢から醒めて真実を自覚するという意味で、仏道に目覚める、あるいは実は夢のようであるこの世の現実の無常を強く自覚することを示唆する表現だ。うき世を離れ遁世したはずのわが身でありながら、なおうき世から離れきっていない、夢の中になおたゆたうように生きているという反省を示した歌だろう。

中世の「うき世」は「憂き世」の意味が基調だが、近世になって「浮き世」の意味へと転換していくと理解されてきた。これは大筋で適切だが、一定の留保も必要だと著者は言う。

本書で私が提起したかったことの一つは、たしかに日本人一般の人生観は近世以後現象的には「憂世」観から「浮世」観へ移行したようにみえるが、じつは私たちにとっては、もともと「うき世」観が成立した平安時代から「憂世」と「浮世」とは別々のものではなかった、ということであった。(九四頁)

こうした考え方を反映するものとして、一〇世紀段階の次のような歌があげられている。漢字を当てるとすれば「浮き」とせざるをえないような例だ。

雲ならでこだかき峯にゐるものはうき世をそむくわが身なりけり(『大和物語』)

わびぬれば身をうき草の根を絶えて誘ふ水あらばいなむとぞ思ふ(小野小町)

西行では、美的体験に通じる「うき世」にとどまることに喜びを見出すような自己をいぶかしく思う――このような屈折した「うき世」観がしばしば登場する。

　世の中のうきをも知らですむ月のかげは我が身の心地こそすれ
　世のうさに一かたならずうかれゆく心さだめよ秋の夜の月
　さらぬだにうかれて物を思ふ身の心をさそふ秋の夜の月
　年の明けてうき世の夢の醒むべくば暮るとも今日は厭はざらまし

しかし室町後期になると、この世を楽しむことを積極的に肯定するような考え方と結びついて「うき世」の語が使われるようになる。これは「浮き世」観への転換を示すものだ。

　なにともなやなふ、〳〵、うき世は風波の一葉よ
　くすむ人は見られぬ、ゆめの〳〵世を、うつゝがほして
　なにせうぞ、くすんで、一期は夢よ、たゞ狂へ（『閑吟集』）

『閑吟集』は一六世紀に入る頃の小歌などの歌謡を集めたものだ。粋な色恋を楽しむ情緒が漂っており、遊びや享楽がいくらかなりと肯定されている。「なにともなやなふ」は「しょうもないこ

とよ」と世を歎きつつ洒脱にあきらめるような言葉、「くすむ」は「きまじめにふるまう」と言った意味だ。だが、ここでも無常観は濃厚だ。夢の世にしばしひたりながらも、そこから醒めることが必要との意識は健在だ。「仏を信仰して後生の安楽を願うと同時に、それで安心なのだから浮世狂い（色遊び）もせよ、というのが近世初頭に確立された日本人の「うき世」観ということができよう」（九八頁）。

安土桃山時代から江戸時代の初期にかけて印刷物が広まるようになって仮名草子、ついで浮世草子というような、世相を活写した書物が刊行されていく。仮名草子の代表的な作家とされる浅井了意は浄土真宗の僧侶にもなった人だが、ずばり「浮き世」を掲げた『浮世物語』を刊行している（一六一五、一六年）。この本は「剽軽《ひょうきん》な瓢太郎という町人の息子が放蕩をしたのち浮世房と名乗る僧になり、ある大名の咄の衆（御伽衆）となって最後は蛻仙《ぜいせん》（もぬけ仙人）で「行方なく失せぬ」ということで終わる」。その冒頭に「浮世といふ事」の一章があり、「浮世」の定義とでもいうべきものが記されている。

世に住めば、なにはにつけて善悪《よしあし》を見聞く事、皆面白く、一寸先は闇なり。なんの糸瓜《へちま》の皮、思ひ置きは腹の病、当座〳〵にやらして、月・雪・花・紅葉にうち向ひ、歌を歌ひ、酒飲み、浮《うき》に浮いて慰み、手前の擢切《すりきり》（無一物）も苦にならず。沈み入らぬ心立《こころだて》の水に流るゝ瓢箪の如くなる、これを浮世と名づくるなり。（一〇二頁）

「思ひ置き」とはあれこれ思い煩うことを指す。「なるようになるから気にしない」で遊ぶことが進められている。現世の享楽を是とするこうした「うき世」観を、著者は「浮世主義」と名づけている。

この浮世主義の典型的な表現者が浮世草子の大家、井原西鶴だ。豊かな商人だった西鶴は肉親の死を経験して文芸に転じた。もっともよく読まれてきた作品の一つは、子どもの頃から六〇才になるまで色恋に明け暮れ、最後は好色丸に乗って「女護島」に旅立つという破天荒な主人公を描いた『好色一代男』だが、その男の名は「世之介」、つまりは「浮世之介」だ。著者は西鶴に「転合の精神」を見る高尾一彦氏（『近世の庶民文化』岩波書店、一九六八年）の考察を高く評価している。

転合とはふざけのことである。高尾氏は、それが西鶴の庶民的政治批判の精神の現れであることを発見し、強調されるのである。周到な高尾氏が先蹤を挙げていないところを見ると、おそらくこれは氏の創見といってよいのであろう。（中略）

「転合の精神」とは、「既存の価値の一部を拡大誇張することで笑いとばし、それによって既存の価値をゆるがせ軽しめる」精神である。西鶴の「町人物」では、それは「儒学的概念の義理仁義を正面にたてて、その内容はまったく庶民的人情つまり庶民の経験的合理意識にすりかえてしまう」ことで表現される。（中略）

ところで、高尾氏の書物で、近世庶民の倫理意識・美意識・政治批判意識の成立の理由はどう説明されているだろうか。(二八―九頁)

たとえば、西鶴の『武家義理物語』の序文には、「それ人間の一心、万人ともに替れる事なし」と記されている。これについて、高尾氏は「武家の儒教道徳とは別に庶民が自己の倫理を独自に発達させてきた」と解釈しているが、著者はこれではもの足りない、仏教の影響をもっと重んじるべきだという。「私見では、西鶴が作品の随所に挿入していて、高尾氏もそのわずかを引用されている「六十の前年より楽隠居して、寺道場へまいり下向して」とか「正直なれば神明も頭に宿り、貞廉なれば仏陀も心を照す」とかいった文章は、ふつうなされているようにそう軽く読みとばすべきではないと思う。それはいかにも卑俗ではあろう。しかしそれが庶民にまでおりてひろまった仏教であり、それは庶民のエトスを作った一因として無視できないはずである」(三一頁)。

著者は西鶴についての高尾一彦氏の論述を参照しながら、「うき世」観の背後に近世日本庶民の倫理意識の形成を見て取り、そこに「無常」の世を生きる平等な人間同士の連帯という仏教的な世界観・人間観を読み取ろうとしている。公平に見れば、仏教、儒教、神道、また諸階層の人々の共同意識がさまざまに関与して形成されたものだが、仏教が重要な役割を果たしたことは確かだろう。橋本が明確に指摘していないのは残念だが、無常にさらされた弱い人間＝生きもの(衆生)においてこそ、平等な者同士として理解し合い支え合う精神が育つという視点が重要だろう。

著者が「銭湯についての日本人の実感をこれほど見事に表現した文章はないだろう」と述べる式亭三馬の滑稽本『浮世風呂』（一八〇九—一三年）の冒頭部「浮世風呂大意」には次のように述べられている。

熟《つら》〳〵監るに、銭湯ほど捷径《ちかみち》の教諭《をしへ》なるはなし。其故《それゆゑ》如何《いかん》となれば、賢愚邪正貧福貴賤、湯を浴《あび》んとて裸形《はだか》になるは、天地自然の道理、釈迦も孔子も於三《おさん》も権助も、産れたまゝの容《すがた》にて、惜い欲いも西の海、さらりと無欲の形なり。欲垢《よくあか》と梵悩《ぼんのう》と洗清めて浄湯《をかゆ》を浴れば、旦那さまも折助（武家の下男＝島薗注）も、孰《どれ》が孰やら一般《おなじ》裸体《はだかみ》。是乃ち生れた時の産湯から死だ時の葬灌《ゆかん》にて、暮《ゆうべ》に紅顔の酔客《なまよひ》も朝湯に醒的《しらふ》となるが如く、生死一重が嗚呼《ああ》まゝならぬ哉。

こうした「うき世」的な人間観は、明治維新後も引き継がれているのではないか。著者は福沢諭吉の「うき世」観を引いて、それまで感覚的だった「浮世」感が、福沢に至って論理化され「浮世」観になったと述べている。「むろん福沢は無神・無仏論者である。しかしそれにもかかわらず、福沢の晩年に仏教的な世界観・人生観、「浮世」観を読みとることができるのはおもしろいことである」。「人生は見る影もなき蛆虫《うじむし》に等しく〔福沢はまた、塵のごとく埃のごとく、溜水《たまりみず》に浮沈する孑孑《ぼうふら》のごとし、ともいう〕、朝の露の乾く間もなき五十年か七十年の間を戯《たわむ》れて過ぎ逝《ゆ》くまでのこと」であり、このように「内心の底に浮世を軽くみるがゆえに、よく決断して活潑なるを得」るのであって、「人間の安心法はおよそこのへんにある。」これが福沢の人生観であり、「根本の安心法」である。（一一八頁）

福沢の場合、『浮世風呂』に現れているような平等な庶民の連帯感というより、世間に距離を取った隠棲知識人の達観という趣が強い。だが、いずれにしろ福沢の言葉を通して、「うき世」観が「無宗教」を自認する現代日本人にとって大いに身近なものであることが実感されてくる。

著者の洞察は死を意識しつつこの世を真摯に生きる日本的倫理観の伝統を巧みに照らし出していて、示唆に富んでいる。「災後」を生きる私たち自身を省みる際の案内書の一つともなるのではないだろうか。

宗 左近

小林一茶

集英社、集英社新書、二〇〇〇年刊

小林一茶（一七六三—一八二三）は俳人であり、倫理の教えを説いた教師だったわけではない。道徳指導者とは相当に隔たった存在だ。一茶自身、人に寄生してかろうじて生き延びてきたと自覚している。正月にも「春立つや四十三年人の飯」とか「春立つや菰もかぶらず五十年」などとあまりおめでたくない句を作っている。そして、「花のかげ寝まじ未来が恐ろしき」、「世の中は地獄の上の花見哉」などと、自分は極楽よりは地獄に行くなどと平気でほのめかしたりする。

恨みつらみの表現も多い。継母や異母弟と遺産争いをしながら父を看取った経験があり、その日々を描いた介護日誌ともいうべき『父の終焉日記』では、継母や異母弟が悪者のように描かれている。故郷の人々に悪態をつくような句もいくつもある。「故郷《ふるさと》や寄るも障《さわ》るも茨《ばら》の花」とか、「故郷は蠅すら人をさしにけり」などという句だ。だが、一茶の句に倫理的なものを感じ取る人は多いだろう。たとえばそこに弱い者いじめをきらい許さない気持ちを読みとることは容易かもしれない。

痩蛙まけるな一茶是に有
我と来て遊べや親のない雀
やれ打つな蠅が手をすり足をする

宗左近はこうした作品を「弱い生命への愛の歌です。その愛をもたない存在《もの》への怒りの歌です」（七頁）と言っている。かなり熱心な仏教徒だった一茶の慈悲の精神をそこに見てよいかもしれない。

だが、慈悲を施すというような高い位置に身を置いたわけではない。むしろ自分がいじめられてきた存在、今もいじめられている存在と感じていたようだ。信州の比較的豊かな農家に生まれながら二歳で生母を失い、一五歳で一人江戸に出て奉公生活をしなくてはならなかった悲しさがそこに漂っている。「しょんぼりと雀にさへもまま子哉」とか「なでしこやまゝはゝ木々の日陰花」などという句は愛の句とも受け取れるが、暗いひがみの句と受け取れないこともない。

初めにも見たように、桜の花もその美をほめ散るのを惜しむというより「活《いき》て居る人をかぞへて花見哉」というように暗い句が多い。宗左近はこうした暗さを秘めた一茶に近代的な感性を読みとっている。では、「近代的」とはどういうことだろうか。

いずれにせよ、桜の花は、一茶にとって死の花です。そして、俳句の歴史のなかでは、桜の花は一茶によってはじめて死の花となったといえるのです。

それは何を語るのでしょうか。一茶は江戸の貧乏な市民としての生活のなかでいちはやく、人間の自己疎外を感じたのだと思います。社会という機械のなかからはじき落とされた歯車としての自分を知ったのだと思います。それが、近代人ということです。そこから、存在というものの背理を、ひいては宗教の蔽《おお》いかくすことのできない生と死の断絶の酷たらしい不条理を、感受することになります。

その一茶における近代が、桜の花＝死という受けとりかたをさせたのではないでしょうか。

（八三頁）

一茶は人間の欲深さやエゴイズムを骨身にしみて知っていた。だから、自分も人も地獄へ堕ちるかもしれないと半ば本気で言っている。もっとも罪深さということなら宗教が強調するものだ。宗教なら罪人をこそ救う神や阿弥陀仏を信じることを勧めるので、罪は克服されることになる。

ところが、一茶の場合、「生と死の断絶の酷たらしい不条理」を見てしまい安らかな信仰に落ち着けないところがある。信仰をもとうともつまいと、そもそも人間は酷たらしく生きざるをえない。一茶にはそうした人間観があったと宗左近は論じている。

「酷たらしさ」を見つめる一茶をよく表している句として宗左近は「春雨や喰れ残りの鴨が鳴」をあげ、「読むなり、これはひどいなあ、と胸が痛くなります」と言っている。もう一つ、「初雪や今に煮らるゝ豚あそぶ」という句も取り上げられ、こう評されている。

きれいな初雪のなかに出されて、嬉々として遊ぶ豚たち。だが、間もなく初雪は消える。そして、それよりさきに「煮ら」れて消えてしまうであろう無邪気な食べもの（？）たち。美しい自然のなかに隠されているだけに、一層酷たらしい事件。いたましいですね。それにしても、「喰れ残りの鴨」にしろ「今に煮らるゝ豚」にしろ、むろん、それらがそのままわが身だという自覚があってのことです。その自覚のあった文学者は、江戸の文化文政までに、むろん数多くいたに違いありません。しかし、それを表現したのは、おそらく一茶が初めてです。（二二三頁）

弱い小さな生きものに対する一茶のやさしい眼差しと見えるものの背後に、こうした「酷たらしさ」の痛切な認識があるということ、これが宗左近が「近代性」というときの一つのポイントだ。そうした認識を踏まえた倫理性は悪くすれば「すれっからし」ということになろうし、よい形で現れれば「したかか」ということになるだろう。

救われるかどうかなどどうせ分からないとか、死後の世界でいい目を見るなどとは思わないと覚悟しつつ、死を強く意識するというのは、そのような「酷たらしさ」に耐える練習をすることかもしれない。死と倫理の関わりの一つのあり方と言えようか。

死に仕度致せ致せと桜哉
いざさらば死ゲイコせん花の陰

「死を思え」は無常の教えと直結しているが、一茶の場合、死を思って信仰を強め、安心立命するという筋立てにならない。

一茶は継母や異母弟との遺産争いに勝って土地を半分相続し、五〇歳ほどで故郷の柏原に帰り、初めて結婚する。その折に「柏原を死所《しにどころ》と定め」との前書がある句が「是《これ》がまあつひの栖《すみか》か雪五尺」である。「つひの栖」は「死所《しにどころ》かよ」とする句もある。いろいろな読み方ができる句と思うが、宗左近の見方はなかなか厳しい。

「死所」を見た、というのは、そこに転がる「自分の死体」を見た、ということです。観念としてではなくて、はっきりとした事実として、です。これは、しかし、恐ろしいことですね。これ以後、自分を「死者」と見るのです。（二九七頁）

宗左近は一茶の世界の暗い側面を強調しているが、それだけではない。一茶は小さな生きものをわが身のように感じることができたのだが、それは自然と親しむ農民の生活が身近だったこととも関わりがある。「夕暮や土とかたれば散る木の葉」という句についてはこう述べている。

「ああ、今日も暮れてゆく。あんた、ほんとうにご苦労さまだったたね。明日もまた頼むよな」。「うん。あんた。案配どうだった？　風邪はもう治ったかね」。土と農家の人は、夕暮れになると語るのです。すると、そばに立っている「木」も、その話の間に割ってはいってくるのです。「うん、気をつけてな。また明日ね」。木の葉の散る音が、その言葉なのです。

農家の人と土と木の葉の語る声が、一茶にはよく聞こえてくるのです。（二〇六頁）

一茶は小さな動物に共鳴しただけでなく、木の葉や土とも感応しあうことができたが、それは自然とともに生きる農民の感性に即したものだという。「猫の子がちよいと押へるおち葉哉」という句についてはこう述べている。

庭先に「おち葉」が吹きよせられてきます。「猫の子」が走り出てきました。「ちよいと押へ」ました。あ、離しました。いや、また「ちよいと押へ」ました。遊ぶのですか。はい、その通りです。遊ぶのです、「猫の子」ではなくて、「おち葉」が。（二〇六頁）

卓抜な解釈だ。「おち葉」が生きている。そう感じることができるのが猫であり子どもだろう。そしてその「おち葉」や「猫」や子どもの「あどけなさ」の悲しみとともに愛の力を信頼しているのだ。信頼がゆとりを生む。上の句にはユーモアがあるが、悲しみをたたえたユーモアは救いでもあろう。「春雨に大欠《あくび》する美人哉」はほとんど川柳だが、宗左近は一茶の句が川柳に近づいていることを認めていて、そこに美点を見出している。そもそも「美女」ではなく「美人」という語が俗っぽいが、一茶にとってはユーモアと結びつく語なのだ。大欠伸《あくび》する「美人」は本来気取って上品であるべき「美人」としては失格だろう。本人もそれは分かっているはずだ。だが、だからこそ愛らしいではないか。

降り続く春雨が気をゆるめさせるからです。つまり、うっかり他人の目を忘れてしまうだけ、この女性は油断しやすい、気のいい人物。ツンと上品ぶった、それだけつきあいにくい美女ではなくて、そんじょそこらの美人なのです。（三九頁）

地獄をのぞいてしまうような人間の弱さ悲しさを意識し、つき放しながらも、生き物へのやさしい愛を歌ってもいる。鴨には厳しい一茶だが雁にはやさしい句が多いようだ。「けふからは日本の雁ぞ楽に寝よ」、「雁鳴や相かはらずに来ましたと」、「下る雁どこの世並がよかんべい」など。最後の句について宗左近は「どこの世間（または、あたり）がいいのかなあ」と現代語訳した後で、こう述べている。

雁の使っている柏原弁ですね。遠い旅の果ての空の上から降りてこようとしての独り言でしょう。それを小耳にはさんだ隣を飛んでいる別の雁が、「ううむ、ほんに、どこだべな」と、そういっているのが聞えてきそうな、そうです、雲もなくて穏やかな空模様です。（一五四頁）

中野孝次

風の良寛

文藝春秋、文春文庫、二〇〇四年刊
（初刊、集英社、二〇〇〇年刊）

作家の村上春樹氏は二〇一一年、カタルーニャ国際賞を受賞し、六月一〇日バルセロナで「非現実的な夢想家として」と題する記念スピーチを行った。そこで村上氏は忍耐強い日本人の美点について述べた後で、原発災害については、日本人は腹を立てるべきだと述べている。だが、「腹を立てる」相手として考えられているのは、事故の因を作った責任者や安全神話をふりまいてきた原子力ムラの人々だけではない。

しかしそれと同時に我々は、そのような歪んだ構造の存在をこれまで許してきた、あるいは黙認してきた我々自身をも、糾弾しなくてはならないでしょう。今回の事態は、我々の倫理や規範に深くかかわる問題であるからです。

これは我々日本人が歴史上体験する、二度目の大きな核の被害ですが、今回は誰かに爆弾を落とされたわけではありません。我々日本人自身がそのお膳立てをし、自らの手で過ちを犯し、我々自身の国土を損ない、我々自身の生活を破壊しているのです。

何故そんなことになったのか?戦後長いあいだ我々が抱き続けてきた核に対する拒否感は、いったいどこに消えてしまったのでしょう?我々が一貫して求めていた平和で豊かな社会は、何によって損なわれ、歪められてしまったのでしょう?

理由は簡単です。『効率』です。(http://www9.nhk.or.jp/kabun-blog/800/85518.html)

私たちは快適さを求め、最大の効率を求めて原子力発電推進に賛成、あるいは黙認してきた。また、コスト削減のために十分に安全性を高めることをせずに、利益極大化のために宣伝などの経費を用いるのを容認してきた。これは私たちの倫理や規範の問題ではないか、そしてモノやカネのあり余る生活と高い効率の追求に血道をあげてきたためではないか——作家はこう問いかけている。

同様の問いかけは全日本仏教会が二〇一一年一二月一日に公表した宣言文「原子力発電によらない生き方を求めて」にも見られる。

私たちはもっと快適に、もっと便利にと欲望を拡大してきました。その利便性の追求の陰には、原子力発電所立地の人々が事故による「いのち」の不安に脅かされながら日々生活を送り、さらには負の遺産となる処理不可能な放射性廃棄物を生み出し、未来に問題を残しているという現実があります。（中略）

誰かの犠牲の上に成り立つ豊かさを願うのではなく、個人の幸福が人類の福祉と調和する道を選ばなければなりません。そして、私たちはこの問題に一人ひとりが自分の問題として向き合い、自身の生活のあり方を見直す中で、過剰な物質的欲望から脱し、足ることを知り、自然の前で謙虚である生活の実現にむけて最善を尽くし、一人ひとりの『いのち』が守られる社会を築くことを宣言いたします。

福島原発災害後になされたこうした倫理的反省は、どれほどの奥行きをもつのだろうか。災害後のショックの中での一時的な反省に終わらない長期的展望をもちうるものだろうか。

このような問いを深めていくのに役立つと思われる書物の一つとして、中野孝次の『風の良寛』を取り上げたい。この書物は二〇〇〇年に著されたものだが、東日本大震災と福島原発災害の後に読み、味わい直してみる価値があると思う。

良寛（一七五八―一八三一）は越後の出雲崎の橘屋の屋号をもつ名主、山本家に生まれたが、若年で出家し、曹洞宗の僧侶となった。備中玉島の円通寺で修行し、各地を遊行した後、四八歳以後は故郷近くの閑静な場所に庵を設けて独居した。地域の豊かな文人らと交流しながら、漢詩や和歌、書などを遺した。『風の良寛』は良寛が故郷に隠棲した折の様子に注目している。『北越奇談』（橘崑崙）に次のようにあるとおりだ。

——海辺の郷本《ごうもと》という所に人の住まぬ庵があったが、ある夕方旅の僧が一人来て、隣家に断りを入れてその空庵に住みついた。翌日から近くの村々に托鉢に出かけて、その日の食を得れば戻ってくる。いただいた食が余るときは、乞食だの鳥獣だのに分ち与える。このようにして過すこと半年ほどになると、人びとはいまどき珍しい人だとし、その徳を讃えて、衣類など贈る者もある。が、それも頂いて余るものは、街で凍えている者に与えてしまう。（七一頁）

良寛は曹洞宗の祖、道元の『正法眼蔵』を尊んだ。道元の教えの根幹は古仏の実践したとおりの仏道に徹することである。それは無一物、無所有を生きるということだ。道元の言葉を記した『正法眼蔵随聞記』には次のようにある。

只、心を世事に執着すること莫《なか》れ、一向に道《どう》を学すべきなり。仏の言《のたま》く、衣鉢《えはつ》の外《ほか》は寸分も貯へざれ。乞食《こつじき》の余分は餓《うえ》たる衆生に施せ、設《たと》ひ受け来《きた》るとも寸分と貯《たくわ》ふべからず。

このような生活形態を取るのはなぜか。それは「真実の自己になる」「自己の真実を活かす」ためだと道元は説く。良寛はその教えに従っているのだと中野は捉える。

世間の人はなんらかの自己以外のもののためにあくせく生きているように見える。自分の属する組織の利益のため、組織の中での自分の地位・身分・収入を向上させるため、家族のため、権力を得るため、金を得るため、名誉を得るため、有名になるため、人よりすぐれた生活を誇るため、等々。しかし、そういう世俗のための営みは、ついに真の心の平安、満足、充足、幸福をもたらすことはない。なぜならそれはすべて自己の外にある物だからだ。物をいくら得たところで、所詮は自己の心の外にある物である。（六〇―一頁）

だが、第二次世界大戦後の日本の高度成長期とは、まさに自己の外の物の追求に追われていた時期ではなかったか。欲に取りつかれていたのだ。良寛の漢詩や和歌はそのような欲にとりつかれた生き方を超える境地を示している。

欲なければ一切《いっさい》足り／求むる有りて万事窮《きゅう》す／淡菜《たんさい》　饑《うえ》を癒《いや》すべく／納衣《のうい》　聊《いささ》か躬《み》に纏《まと》う／独《ひとり》往《ゆ》きて麋鹿《びろく》を伴《とも》とし／高歌《こうか》して村童《そんどう》に和す／耳を洗《あら》う嵓下《がんか》の水／意《こころ》に可《か》なり嶺上《れいじょう》の松

（一六七頁）

中野孝次は欲に駆られ物にとりつかれて「万事窮す」となることを、時代経験になぞらえる。「物などはいかに所有したところで幸福とはなんの関係もないとわかるには、一九九〇年ごろにバブル経済がはじけて、すべてが空になったときまで待たなければならなかった。そのときになってやっと多くの日本人は、物を追うことの空しさに気づいたのだ」。「良寛のような昔の乞食僧が、少しずつ見直されだしたのはそのことからである」（六一頁）。では、どうすればよいのか。「その欲を元から断つのである」（一六八頁）。

そうすれば粗末な食い物でも空きっ腹にはうまく味わわれるし、ボロでも寒さふさぎに役立つ。とにかく欲がないから自由で、天下に自分を拘束するものはない。そこで気のむくままに山林に入っては鹿と遊んだり、村に出かけては子供らと毬つき歌を高らかに歌う。名利《みょうり》を求める心がないから、何をしても自由なのだ。世間のイヤなことを聞いたら、堯帝《ぎょう》から天下を譲ると聞いて耳がけがれたと、許由が潁水《えいすい》で耳を洗ったという故事さながら、崖の下の清い水で耳を洗う。そして嶺に鳴る松風の音を聞いて、気持を清らかにする。（一六八頁）

漢詩は豊かな古典の教養なくては味わえずやや難しいが、和歌は分かりやすい。

こどもらと手まりつきつゝこの里に遊ぶ春日はくれずともよし

つきてみよひふみよいむなやここのとを十とをさめてまたはじまるを
久方の長閑き空に酔ひ伏せば夢も妙なり花の木の下
さすたけの君と語りてうま酒にあくまで酔へる春ぞ楽しき

このような境地を尊ぶことと福島原発災害後の生き方を展望することは、確かに対応しあうことのように思われる。原発災害を起こすに至った日本の、また世界の現代政治経済構造を見直し、それと結びついていると考えざるをえない現代人の生き方を考え直そうとするとき、良寛の生き方や詩歌の言葉から教えられることは多い。中野孝次の良寛論は三・一一に先だってそれを見抜いていたかのようだ。

最後に私自身の考えだが、良寛にとっては子供たちと手毬をつくことと教養ある人士と詩歌を交換しあうことが、どうも似たことと感じられていたのではないか。良寛の仏道や文学の素養はきわめて高い。それを理解し合い楽しみ合う俗人仲間がいたからこそ、良寛は越後に隠棲できた。良寛は西行と同じく山から里に下りた聖《ひじり》のひとりだ。高い学問的人文的素養を通して感じられる聖の自由とは、手毬をついて遊ぶ子供の自由をわがものにすることでもあった。

だからこそ良寛は俗人とともに楽しむ技芸の世界を尊んだのではなかったか。「欲を断つ」といってもそうかんたんにすべてを捨てることはできないような気がする。たとえば、すぐれた詩歌を楽しむのは欲から切れた次元の心の働きではないだろう。子供の場合、無心に遊ぶことにこそ欲が向かっている。厳しい庵の生活に耐えた良寛だが、それは徹底して古仏に従うとともに、子供らとともにある生の肯定にも通じるものだった。

「今良寛」がいるのなら、原発被災地の子供たちの保養プログラムに取り組んでいるかもしれない。そうしながら、深い心の安らぎと子供の生の流露との一致をこともなげに実演して見せてくれることだろう。その場合、最後にあげた私のコメントの数行は理屈に走った駄弁にすぎないことになる。

小此木啓吾

対象喪失——悲しむということ

中央公論社、中公新書、一九七九年刊

二〇一一年の六月中旬、私は母の三回忌の法要を行った。そしてそのすぐ後、東日本大震災の一〇〇ヶ日を迎えた。震災で近しい人が世を去ったわけではないが、連日、多くの方々が亡くなったニュースを見聞きし、遺族となった方々の悲しみに暮れる姿に接した。失われた土地、家財を取り戻すこともままならない方々がたくさんおられる。また、福島第一原子力発電所の事故による災害では、多くの人々が住みなれた土地を去らなくてはならなくなった。チェルノブイリ原発事故の際の居住禁止地域にあたる放射性物質蓄積量がある地域は東京二三区の面積に相当するという。豊かな自然に恵まれた日本の国土の大きな一部が、長期にわたって失われた場所となる。

私が住む東京は放射能汚染は事故原発から二〇〇キロ離れているが、安全な環境が失われたという感情はぬぐい去ることができない。テレビ報道を見てついもらい泣きなどしているが、涙もろくなったと感じるのはこれらのことと関わりがあろう。

東北、北関東の住民をはじめとして、喪失と悲しみで心がふさがっている方々は少なくないだろう。だが、そもそも人の一生は生の喜びと同じほどの喪失と悲しみによって織り成されているとも言える。人間が成長し、成熟し、老い、死んでいく過程とは、喪失と悲しみと断念を繰り返しながら、他者、世界、そしてついには自ら自身の喪失をも受け入れていく包容力を育んでいく過程なのではないだろうか。

精神分析という新たな心理学を創出したフロイトの生涯は、この喪失と悲しみの思想を練り上げる過程だったとも言える。科学主義者と見ることもできるフロイトだが、宗教にかかわる喪失と悲しみの受け皿を求めた思想家とも理解できる。

フロイト以後、父子関係を強調した創始者に学びつつ、母子関係に注目する学者たちが登場する。母から離れていく子どもたちが、依存の「対象」からの分離をどのように受け入れていくかが注目され、「対象関係」、「対象喪失」についての新たな知見が積み重ねられ、フロイトの洞察はさらに分かりやすく捉えられるようになった。日本の精神分析の第二世代に属し、日本の場からのフロイト説の創造的解釈に努めた著者は、「対象喪失」とそれに対処しようとする「悲哀の仕事」（喪の仕事）こそフロイト理論の核心にあるものと見た。

「まえがき」の書き出しはこうだ――「本書でいう対象とは、愛情・依存の対象である。この意味での対象を失うことの悲しみをどう悲しむかは、人間にとって永遠の課題である」(ⅰ頁)。悲しみという「仕事」は「人はどう生きるか」という「永遠の課題」に深く関わる。「悲哀の仕事」は人間としての成長、成熟に必須の課題であると著者は言う。

では、「悲哀の仕事」とは何か。「失った対象への断ちがたい思慕の情に心を奪われ、怨み、憎しみ、つぐないの心が錯綜する。「悲哀の仕事」とは、これらの反応を一つ一つ体験し、解決していく自然な心の営みのことである。この悲哀のプロセスを達成することができない場合、心身の病いや心の狂いが生じる」(ⅰ―ⅱ頁)。悲しむということを通して心が仕事をしている。失われた対象と自らの関係について捉えなおし、なおも対象を求める欲求を断念し、新たな状況を受け入れるための心の整理が行われていく。

悲哀の仕事は容易なことではなく、心の中でそれがなされている間、ふだんの現実に立ち向かう力がそがれてしまう。社会慣習として「喪」がある。ある期間、遺族は通常の生活慣習から身を引く。一定期間は残された者をできるだけそっとしておいてあげようという配慮が働いている。せわしない現実から撤退するのが自然と考えられているのだ。現実適応力が落ちているという点では、彼らは精神病者にも近い存在だ。だが、もし悲しみがそれにふさわしい形をとっているなら、その間に心は活発に活動し、死者と自らの関係について捉え返すことに集中している。死後、宗教的な儀礼がいくつもなされるのは、心の中のそうした「悲哀の仕事」を助ける意味合いがあるのだろう。

われわれは、一つ一つの対象喪失体験について、そのたびに「悲哀の仕事」を課せられる。この仕事を一つ一つ達成することなしには、真の心の平安を得ることはできない。……その達成は昔から生老病死といわれる、この人生の中で、心が果すべきもっとも普遍的な究極的課題である。(四六頁)

愛情や依存の対象を失うのはつらい体験だ。愛が満たされないためにつらいだけではなく、自らを責める気持を伴うことも少なくない。生きている間は愛する相手に責めを負わせ、ときには憎む気持が勝ることがあったりする。相手が死ぬと相手のいやだった面が遠くかすんでいき、かけがえのない相手だったと惜しむ気持がまさってくる。それとともに自分の方に責めがあるというくやみの気持に襲われる。生前に対立が露になったり、別れてしまった後に死んでしまった相手の場合、敵意で向き合ったことが相手の苦しみや死の原因になったのではないかと自分を責める気持にとらわれてしまうこともある。こうして罪意識にふさがれてしまうと、なかなか悲しみから抜け出せない状態に陥ってしまう。

だが、他者の死や喪失による悲しみを通して自らを省みる心理の中には、自らの非を自覚し他者に詫びるとともにそのつぐないをしたいという気持も込められている。たとえば実際のかかわりを持っていたあいだは、自己中心のエゴイズムを発揮して相手を犠牲にしていた人物が、相手と別れたのちになって、そのことに気づき、はげしいつぐないの気持にかられる。この意味でもっとも著名な小説は、トルストイの「復活」である。ネフリュードフは、最初何の罪意識もなしにカチューシャを誘惑し、彼女を転落させてしまうが、のちになってこの自分の行いについて強い良心の呵責を抱き、カチューシャに、つぐないの気持をおこす。心の中の、よいカチューシャ像を再生させようと思うネフリュードフの復活への願いは、このくやみの心理に発している（七三頁）。

強く愛してきた、あるいは慕ってきたからこそ募る憎しみや反感が自覚されることは、そのまま倫理的な反省につながる。罪悪感とともに何とか良い生を送ってつぐないをしたいという気持が起こることもある。あるいはまた相手とのかかわりを持っているあいだは、相手のことを誤解し、あるいはその愛を知ることなくすぎていて、相手が死んだり、相手と別れてからこのことを知り、深い後悔と思慕の情にかられることも多い。とりわけ生前は争ったり、逆らっていた父母、夫婦、兄弟の愛情を、その死後に気づいて生前のいたらなかった自分をくやみ、このつぐないの気持が、それまでの悪い息子・娘を、良い子に変えたり、妻の生前は酒飲みで、不品行で、妻を困らせていた夫が、その死後ににわかに見ちがえるような真面目人間になり、亡き妻に代って子どもたちのよい父親になる。こうした心の変化は、対象喪失がもたらす倫理的な心理作用とみなすこともできよう（七四頁）。

また、生前敵対していた相手が死んでしまった場合も、自分が責めたためではないかとの悔恨が生じ、死んだはずの相手への恐れの気持にとらえられることもある。これは日本の民俗宗教で根強い祟りや怨霊の信仰に通じるものである。

このように「悲哀の仕事」は倫理的な反省や、それを通しての心の成長・成熟をはらんだプロセスである。それは断念を含んでいるが、それによって甘えてきた他者、執着してきた他者から自立し、絆を大切にしつつも心の自由な領域を広げていくことが可能になる。断念する心の作用がある確かさをもってきたときに、悲しむ者は現実からの心の撤退を切り上げることができるようになる。「悲哀の仕事」に余念がなかった心の荒波に打ち克ち、ようやく現実へともどっていくことができるようになる。

しかし、そうはいってもそれは悲しみがなくなることを意味するものではない。失った対象への思慕の情は残る。むしろ悲しむ能力を保つことこそ成熟の印である。そこに人間の限界の自覚、有限性の自覚が伴う。つまり深く悲しむとき、人は必然的に宗教と紙一重のところに近づいている。「大切なことは、その悲しみや思慕の情を、自然な心によって、いつも体験し、悲しむことのできる能力を身につけることである」(一五六頁)。宗教とは悲しむ能力を保持する文化装置とも言えるだろう。

そして、それはやがて訪れる自ら自身の死に向き合い、それに備えていくことでもある。自ら自身の存在と、環境や他者という世界すべての喪失こそが死だからである。他者との別れ、他者の死という対象喪失に際してひそやかに行われる「悲哀の仕事」は、一生の最後の徹底的な対象喪失である自ら自身の死の準備でもある――フロイト自身もそう考えていたし、小此木はそのことを強調している。

ところが、現代人はこの大切な「悲哀の仕事」を避け、悲しみから逃げていく傾向があると著者はいう。第六章はそのことに焦点をあてていて、「悲哀排除症候群」と題されている。ここでまず小此木は、「対象喪失は、どんなに人間があがいても、その対象を再生することができないという、人間の絶対的有限性への直面である」という。これは自らの死との直面にまで深められるような厳しい対象喪失の捉え方であり、救済宗教の世界観に通じるような見方だ。

小此木がこのように、「絶対」に関わるような奥深い事柄として対象喪失を捉えるのは、現代社会が「全能感」にふけっていることの問題性を浮き彫りにしたいためである。「ところが現代社会は、人類のこの有限感覚をわれわれの心から排除してしまった」（一九六頁）。「全能感に支配された人間には、対象喪失の悲哀は存在しない。かけがえのない絶対に代りのきかない存在は、心から排除されてしまうからである」（同前）。何を失っても人工物によって代替できるという全能感のもとでは、大事な他者の死も自ら自身の死さえも「悲哀の仕事」の機会とならないのかもしれない。

そしてまたこの動向は、自分にとって苦痛と不安を与える存在は、むしろ積極的に使いすてにし、別の新しい代りを見つけだすほうが便利だし、実際にそうできるという全能感を人びとにひきおこしている。死んで葬り去れば縁がなくなるし、醜く年老いた者は実社会から排除すればよいし、うまくいかなくなった男女は別れて、それぞれ新しい相手を見つければよい。できることならば、学校や職場も気に入らなければ、自由に変えられるほうがよい。

（一九六―七頁）

人と人との絆によって傷つくのを恐れ、自分ひとりの世界を守ろうとする現代人の気質を捉えた言い方だ。それはまた、科学技術に依存することと閉じこもりの関係を示唆するものでもある。「安全」神話に頼ってきた原子力発電所の「ムラ」の人たちは、こうした自己閉塞的な全能感を体現するものではなかっただろうか。

私たちは東日本大震災で多くの方々のかけがえのないいのちを失い、全能幻想に依拠してきた福島第一原子力発電所の巨大な災害に出会って途方に暮れている。それぞれの場で「悲哀の仕事」がなされている。そしてこの書の「悲哀排除症候群」という言葉が示唆するものに対する反省も、静かに進められているのではないだろうか。

竹内整一

「かなしみ」の哲学――日本精神史の源をさぐる

日本放送出版協会、ＮＨＫブックス、二〇〇九年刊

悲しみを「喪失」という観点から捉えると、孤独な魂の苦悩が思い起こされる。小此木啓吾『対象喪失』を紹介しながら、「喪の仕事」について述べたが、これは失われたものへの執着を、孤独に引きこもって克服しようとするものだ。悲しみとは心の内側で喪失の痛みと「作業」を重ね生きる力に変えていく内面的なプロセスとして表象される。

確かに悲しみは孤独な心の中で起こっている。だが同時に、悲しみは愛とともにあり、ともに生きようとする力とも関わりが深い。東日本大震災が起こり二万人を超える方々のいのちが失われ、原発の影響もあって広大な土地や家屋が失われた。こうした状況の中で、私たちは悲しみを

分かち合い、悲しみについて語ることで何とか力をとり戻そうとしている。

竹内整一氏の『「かなしみ」の哲学』は東日本大震災の一年少し前に刊行されている。だが、震災後の今なお読み返して心に響く箇所が少なくない。たとえば、「はじめに」には脚本家の山田太一氏の編著『生きるかなしみ』（一九九一年）の一節が引かれている。

そして私は、いま多くの日本人が何より目を向けるべきは人間の「生きるかなしさ」であると思っている。人間のはかなさ、無力を知ることだという気がしている。……

私たちは少し、この世界にも他人にも自分にも期待しすぎていないだろうか？

本当は人間の出来ることなどたかが知れているのであり、衆知を集めてもたいしたことはなく、ましてや一個人の出来ることなど、なにほどのことがあるだろう。相当のことをなし遂げたつもりでも、そのはかなさに気づくのに、それほどの歳月は要さない。

そのように人間は、かなしい存在なのであり、せめてそのことを忘れずにいたいと思う。

（一五頁）

二〇一一年三月一一日後の言葉を聞くような錯覚を覚えるのは私だけだろうか。また、長男を自死で失った経験をもつ作家の柳田邦男氏の著書『悲しみの復権』の言葉も引かれている。柳田氏は「死の医学」の取材を長く続けてきた上で自らの息子を失ったのだ。

悲しみの感情や涙は、実は心を耕し、他者への理解を深め、すがすがしく明日を生きるエネルギー源ともなるものだと、私は様々な出会いのなかで感じる。……それは、封印されてきた「悲しみ」の感情を解放し、「悲しみ」をネガティブにでなくむしろ生きる糧にしようとする新しい市民意識の登場と言うことができる。……二十一世紀を人間と社会の真の成熟を目指す世紀にするには、「悲しみ」の感情を教育の場でも社会的にも正当な位置に復権させることが必要だと、私は考えている。(一五—六頁)

十分に悲しみ、そのことを表現しながら力にしていくこと、それは深い愛や思いやりの表れでもあろう。倫理学及び日本思想史の専門家である著者は、日本の文学や思想の豊かな資料をふんだんに用いて、そのことを示していく。

実際、日本語の「かなし」には「悲し」とともに「愛し」の漢字があてられてきたことを著者は強調している。『万葉集』の大伴旅人の歌はよく知られている。

世の中は空しきものと知る時しいよよますますかなしかりけり

妻をなくしたときのこの歌では、「かなし」は「悲しい」と「愛しい」、「いとおしい」のどちらの意味にもとれる。著者はそれを「人間存在としての「かなしみ」」と述べている。

息子の大伴家持の次の歌では、「愛し」の意味が一段と濃くなる。

父母を見れば尊く妻子《めこ》見ればかなしくめぐし

このように「悲」と「愛」が重なり合うのは、悲しむ人は向かう相手を失った愛をもて余しているからだろう。また、悲しむ人に同情しその人を労わる愛が自然であることによってもよく分かる。広く苦しみにそのような働きがあるだろうが、強い苦しみが長びく場合は愛を超えて人を閉じ込めてしまう作用が強い。悲しみは愛へと開かれる可能性が高い。悲しみが倫理に深く関わる所以である。

『日本霊異記』には人の痛みを察することを「悲し」という語で示す例があるようだ。

国の司、聞き見て、悲しび賑《めぐ》みて糧《かりて》を給ふ。

確かに身近につらい人悲しい人がいなくても、そういう人のことを聞いて自分も悲しいと感じ、何とかしてあげなくてはと思うことが少なくない。「哀れみ」としての悲しさということだが、哀れみによる思いやりの中に「悲しさ」が潜んでいるといわれればそうかとも思えてくる。

我が身からうき世の中と名づけつつ人のためさえかなしかるらむ（『古今和歌集』）

この叫ぶ声を聞きて、悲しみにたへずして、川を泳ぎ寄りて、この男を助けてけり（『宇治拾遺物語』）

だが、「哀れみ」の倫理に限界があることは意識せざるをえないことだ。悲しみに愛が立ち向かおうとしてもかなわないことが多い。芭蕉の『野ざらし紀行』の冒頭に出てくる富士川のほとりの捨て子の話は印象的だ。（九五頁）

いかにぞや、汝、父に悪《にく》まれたるか、母に疎まれたるか、父は汝を悪むにあらじ、母は汝を疎むにあらじ。ただこれ天にして、汝が性《さが》のつたなきを泣け。

自分も白骨を野辺にさらすことになるかもしれないという覚悟を述べた「野ざらしを心に風のしむ身かな」という構えでの旅の途中のことである「この秋風の寒さに、今日死ぬのか、あるいは明日死ぬのだろうかと思いながら、袂から食べ物を与えて通り過ぎた……ただこれは、天命、運命であって、お前自身の性《さが》、持って生まれついた身の不運を泣くほかないのだ」。わずかに食べ物を与えて通り過ぎてゆくことは哀れみの倫理の限界であるとともに、人間の有限性を自覚し超越的な次元に思いをいたす機会でもある。

これまで見てきたように、人は、そうした力及ばない「かなしみ」においてこそ、他者に呼びかけ、呼びかけられるという共感・共悲の倫理性があったのであるが、今問われているのは、ぎりぎりのころでそれすらが届かない、力及ばないという問題である。どんなに「何とかしてあげたい」と思っても、何もできないということが思い知らされるということである。（九七頁）

これは悲しみを癒すこと、悲しみを愛に転換することの限界を示すものだ。だが、そこでこそ悲しみの奥深い深みを垣間見るのかもしれない。著者は自らの母が亡くなったときのことにつき、「何かをしてあげたい、何かを言ってあげたいと思いながら……何もできない、届かない、力が及ばないといった思いを強く感じた」（一〇〇頁）と述べている。「悲しみ」が「おのづから」なるものに己をゆだねる日本的な宗教性の重要な契機であることを強調している。

「悲しみと宗教」ということなら、仏教の「慈悲」のことがすぐに思い浮かぶ。慈悲の「悲」は自己の悲しみというよりは他者への思いやりだろう。なぜそれが「悲」となるのか。「慈」は「いつくしみ」であるが、「悲」について、サンスクリット語（カルナー）の原意は「呻き」だという辞典の語義説明を引いて、著者はこう述べている。

つまり、「悲」とは、人生の苦しみ・悲しみに対する人間の呻き声であり、みずからが呻くような「悲」の存在であることを知ることによって、他者の苦しみ・悲しみがわかる、わかるがゆえに、その他者の苦しみを何とか癒してあげたいという救済の思いとなって働いてくる、それが「悲」であるという説明である。まさに「悲の器」としての人間ということであろう。(一〇五―六頁)

著者はさらに五木寛之氏の『他力』(一九九八年)を引く。「他人の痛みが自分の痛みのように感じられるにもかかわらず、その人の痛みを自分の力でどうしても癒すことができない」。「そのことが辛くて、思わず体の底から「ああ……」という呻き声を発する」。それが「悲」だ。「がんばれと言っても効かないぎりぎりの立場の人間は、それでしか救われない、それを〈悲〉と言います」。「悲しみを癒すものは、悲しみである」(一〇六―七頁)。五木氏の場合、これが蓮如に代表される浄土真宗流の「悲」ということになり、著者もそれに賛同している。

これは悲しみの共感力がもつ倫理性に大きな期待を寄せるものだが、それは超越者の力への信仰があってのことだ。著者は「悲しみ」が人間の無力さ、すなわち有限性の自覚に発するものであるとともに、人間を超えた超越的な次元、すなわち無限性の感受に道を開くものであることを強調している。「つまり、「かなしみ」とは、有限性の感情でありながら、もともと無限性のうちにある、あるいは無限性の側から働いてきている感情であるが、なお有限の側からは無限とは融合・一体化しえない、まさに有限性と無限性の「あわい」にある感情ということができるであろう」（二一二頁）。

こうした捉え方は、日本独自の形而上学、あるいは超越論理があるとする著者の立場を反映している。仏教元来の倫理性に目を向けるなら、「悲しみ」が布施や持戒に連なり、感情よりも倫理実践に重きを置く解釈もできるだろう。

とはいえ、悲しみが他者への愛と切り離しがたいものであること、そのようなものとして倫理と結びつき日本文化に深く根づいてきたことを著者は力強く示している。

今もなお東日本大震災の悲しみは重苦しく覆いかぶさっている。そのことを自覚しつつ、復興と新たな歩みを進めていこうとするとき、本書が振り返っている日本の文芸や思想の伝統が大きな力となるに違いない。

Ⅵ　公共哲学の方へ

福島原発災害により日本人の生き方が問われる一方、東アジアの国際関係が危うくなり平和についてあらためて考えざるをえない状況だ。グローバル化が進み、国家の枠を超えた力が日々の生活で実感されるようになっている。善い生き方を考えることがそのまま善い市民社会のあり方を考えることにつながっている。開かれた政治秩序としての公共性を追求することを通して、現代の倫理をめぐる難問も何ほどか見えやすくなるだろう。

山脇直司

公共哲学からの応答——3・11の衝撃の後で

筑摩書房、筑摩選書、二〇一一年刊

二〇一一年の三月一一日に起こった東日本大震災は、これまでの日本社会のあり方を大きく揺さぶっている。二万人近い人々のいのちを奪った地震と津波の巨大な被害をどのように克服していけばよいのか。加えて、福島原発事故により広い範囲の国土が放射能によって汚染されてしまった。この人災にどう向き合っていけばよいのか。

多様な立場の人々が自らの立ち位置からさまざまな応答を試みている。被災者支援の活動に取り組む人、どのような復興のあり方が望ましいのかを考察する人々、これまでのエネルギー供給や経済の仕組みを新たな方向に転換させるための研究や活動に取り組む人、安全な科学技術や危機に直面したときの社会の対応を考え直そうとする人など、多様である。

だが、その際、忘れてはならない大きな問題がある。それは三・一一の災害が私たちに問いかけているのは、生き方や考え方の根本的なあり方であり、倫理や哲学、あるいは世界観や死生観に関わるような事柄でもあるということだ。とりわけ原発災害については、人災であることが明らかで、いのちを軽んじ、責任をとろうとしない政府や東京電力、あるいは専門家の倫理が問われただけではない。そのような無責任社会を存続させてきた私たち、また、危うい原発に依存して経済的発展を選ぼうとした私たち自身の生き方や考え方も問われている。

実際、すでに多くの論者がこの度の原発災害は私たちの生き方や倫理の問題であると述べている。前にもふれたように（中野孝次『風の良寛』）、作家の村上春樹氏は、二〇一一年六月に行われたカタルーニャ国際賞の受賞講演で、安全基準のレベルを下げてコストの節約を図ってきた政府や電力会社の責任を指摘するとともに、「しかしそれと同時に我々は、そのような歪んだ構造の存在をこれまで許してきた、あるいは黙認してきた我々自身をも、糾弾しなくてはならないでしょう。今回の事態は、我々の倫理や規範に深くかかわる問題であるからです」と述べていた。

(http://www9.nhk.or.jp/kabun-blog/800/85518.html)

多くの日本人はこの意見に賛成するだろう。そしてこれは「責任を問う」ための問いにとどまらない。私たちの生き方や倫理の何をどう省み、変えていかなくてはならないのかという問いでもある。

本書『公共哲学からの応答』はまさにそのような問いへの応答を目指したものだ。著者の山脇直司氏は東京大学で公共哲学を教えてきた研究者であり、独自の公共哲学を論じて来た立場から三・一一が投げかける問いに応答しようとしている。

では、公共哲学とは何か。それは以下の二つの要素をもつ思想であり学問であると、著者はいう。――（1）「善き公正な社会を追求するヴィジョンや行動指針」、（2）「現下で起こっている公共的諸問題を市民と共に対等な立場で論じ合い、そこでの要求を政策にリンクさせる実践性」（一四頁）。

公共哲学とは、広く社会の人々が関与する実践的な問題に取り組みながら、皆が関与できるような形で論じ合い、社会全体の善や公正さを問うていく学問・思想だという。著者が重視するのは「公共」というのは単に多くの人の生活に関わる共通の事柄であるという意味で「公」であるのにとどまらず、市民皆に「開かれた」ものでなくてはならないということだ。皆が討議に参加できるように開かれており、排除しないあり方をよしとするものだ。

公共哲学は市民に、また多様な立場の人々に「開かれた」ものだということが強調されている。それを示す用語として著者は「活私開公」という用語を用いる。戦時中の日本で理想化された「滅私奉公」をもじって、「公」に「私」が従属するような伝統のあり方を、多様な「私」がそれぞれ個としての特性を活かしていきながら、開かれた「公共」に参与していくという生き方、考え方を示すものだ。ただそれだけではなく、著者は同時に「滅私開公」も必要だという。市民もそうだが、とりわけ政治家や公務員は私的な利益を抑え、利他的な倫理性をもって「公共」に関わる必要があるということを示す語だ。

「公共」の事柄に関わるのだから、公共哲学は法や政治に関心を寄せることは理解しやすいことだろう。実際、この書物の中では憲法や民主主義について度々触れられている。公共哲学は人権に関わるものであり、自由や公正・正義に関わるものである。個々人の自由を民主主義社会の基本的な倫理原則とすることでは多くの論者が一致するが、それに圧倒的な力点を置く自由主義(リベラリズム)に対し、著者は距離をとる。選択の自由が拡充されれば、人々の利益の総体が極大化されると考える市場原理主義や功利主義では、著者は現代社会の諸問題を解決できないと考えている。

これに対して、形式的な自由によってむしろ拡大してしまう格差や不公正を是正することへの配慮を加え、一定の正義を満たすことを説く『正義論』のジョン・ロールズの立場が広い支持を得ている。正義を尊ぶ自由主義の立場だ。だが、そのような形式的な原則では、善い社会を構想することはできないとの批判がある。そこで、「自由」や「正義」といった理念を超えた、より実質的な倫理性に即した公共哲学が求められている。

たとえば、自由主義を批判したマイケル・サンデルの立場がそれだ。著者によるとサンデルのロールズ批判は次の二点にまとめられる(一六八—九頁)。まず、人々はあらゆる束縛から自由な抽象的な「個人」なのではなく、「自ら生きるコミュニティに対して責任や義務を負う」、その意味ですでに「負荷を負った」個人だということだ。これは第二の批判点、つまり「善き生の構想」と結びついた「善き社会の構想」を問わずに公共的な問題に関与できるのかという論点につながる。

サンデルによれば、現代において人々の多様な「善き生の構想」を統合することは不可能だから、「正義という権利」を普遍的な価値前提として優先させ、人々の多様な善の共存を図らなければならないというロールズの公共哲学は、批判されなければなりません。逆に、『人々の共通善の意識』こそが、正義を創出するのであって、そのためには「善き社会の構想」や市民一人ひとりの「統治能力の涵養」が必要だと考えられるからです。もし、「善き社会」について人々の関心が薄れ、また、「統治能力」が徳として市民に根づかなければ、政治は単なる「法的手続き」のレヴェルで片付けられ、民主主義は形骸化してしまうと、サンデルは恐れます。(二六九頁)

著者はこのサンデルの立場に全面的に同意するわけではないが、自由主義の限界を超える倫理性を求めるという、その議論の方向性は概ね支持している。著者やサンデルの自由主義批判は、政治の領域と倫理の領域をより密接な関係において捉えるものだ。三・一一以後の倫理や哲学を問う私たちにとって、この立場の説得力は高いのではないか。それは「私的な価値と区別される公共的価値、すなわち人々が共有できる価値」(一五八頁)についてこれまで以上に真剣に考える必要を感じているからだろう。

著者の論ずる題材は多岐にわたっているが、ここでは科学技術の公共哲学を論じた「科学技術の将来とガヴァナンス」の項に焦点をあてよう。先見の明をもった論者として紹介されているのは、早くから原発の危うさについて論じ、「市民科学者」として半生を送った高木仁三郎である。大量の核廃棄物を生み出すのだから、ほんとうはほとんどリサイクルなどできていない核燃料の処理を「核燃料リサイクル」とよぶ政府や原発推進勢力の欺瞞を鋭く指摘するなどして、高木は数々の原発安全神話を指摘し批判してきた。

彼は、公益は国家が決めるものとみなした歪んだ科学技術官僚たちに対抗して、原子力資料情報室というNPOを設立して「市民のための科学」を試みました。それは、市民一人ひとりの中にある「公共心」に基づいて、科学技術の発展が真に「公共益」に適っているかを議論し、それを科学研究にフィードバックする姿を理想としていたと言ってよいでしょう。(一四四頁)

著者はこのような高木の生き方と活動を科学技術の倫理のよき見本として、また現代の公共哲学のすぐれた実践として捉えている。これは科学技術と社会の関係を問う新たな学問領域として成長しつつある「科学技術社会論」で問われていることと照応している。科学技術社会論の研究は高木が説き実践したような公共性という観点を重視することで、原発災害から学んだことを活かしていくことができるだろうと、著者は論じる。

まず、「すべての科学者や技術者が、科学や技術が社会から独立した営みであるという幻想を捨て、科学技術が「公共的な次元」を有することを自覚する必要があるでしょう」（一四六頁）と述べる。そし科学技術社会論の若手研究者である平川秀幸氏の『科学は誰のものか』（NHK出版、二〇一〇年）を参照して、「「価値中立的な科学技術」から、「善い科学技術」へのコンセプトの転換」が求められており、それは「誰にとって、何が善い科学技術なのか」を「共に考える」ための転換なのだとする（同前）。これは科学技術の「ガヴァナンス」に関わるものだ。

ガヴァナンスはそもそも「舵取り」を意味する用語で、従来のガヴァメント（英語略）が政府による統治という垂直イメージを持つのに対し、政府だけではなく一般市民も参加して、政策の舵取りを行う水平のイメージをもっています。ですから、日本語では「共治」という訳語が最もふさわしいでしょう。平川によれば、このような科学技術のガヴァナンスは、阪神淡路大震災、地下鉄サリン事件、高速増殖炉もんじゅのナトリウム漏洩事件とその後の情報隠蔽などが起こり、薬害エイズ事件がマスコミで報じられるようになった一九九五年を転機として起こったようで、それはまさにNPO法案ができ、政府が担う公共性から、市民が

担う公共性へと公共性のイメージチェンジが起こり始めた時期と一致しています。（一四六―七頁）

この叙述は科学技術の公共哲学に関わるものだが、経済やメディアや宗教など広い論題を取りあげている本書の論述を貫く中核的な論点に触れている。かつて政治は「公」的なもので政府に委ねるものであり、倫理は「私」的なもので市民一人ひとりのものだった。だが、今や政治は倫理に入り込み、倫理は政治と関わらざるをえない。だからこそ、それぞれの個人が尊ぶ「善き生の構想」が公共哲学の問題として問われるのだ。

それはまた、倫理を義務や規範に関わる事柄と捉えるカントを代表とする「義務倫理」、「規範倫理」の考え方を尊びつつも、さらに幸福な生活のための「徳」の育成を説くアリストテレス以来の「徳倫理」の考え方や、他者との支え合いを尊ぶ責任とケアの倫理の考え方にも十分な注意を向けようとするものだ。責任とケアの倫理は「将来世代に対する責任」が問われた原発災害と通してあらためてその重要性が認識されたのでもあった（六〇―六八頁）。

こうして本書は、「3・11の衝撃の後で」私たちが問わなければならない諸問題を、現代の公共哲学や倫理学の問いに、あるいは「思想」の問いに引き寄せて分かりやすく示してくれている。「3・11の衝撃」からの立ち直り、立ち上がりの道筋を模索している読者を力づけてくれるに違いない。

ウルリッヒ・ベック

世界リスク社会論——テロ、戦争、自然破壊

島村賢一訳

筑摩書房、ちくま学芸文庫、二〇一〇年刊

（初刊、平凡社、二〇〇三年、原著は一九九七年、二〇〇二年の二冊）

著者は、チェルノブイリ事故が起きた一九八六年に『リスク社会——新しい近代への道』（邦訳『危険社会』法政大学出版局、一九九八年）という書物を刊行し、一躍世界にその名を知られるようになったドイツの社会学者だ。その後もテロ、気候変動、金融危機などのグローバルな危機について鋭い分析を行い、世界の識者に注目されてきた。福島原発事故を受けてドイツのメルケル首相が設置した「安全なエネルギーのための倫理委員会」では一五人の委員のうちの一人に選ばれたが、二〇一一年五月末に提出された報告書の内容にはベックの考え方が色濃く反映しているようだ。

一九八六年のベックはチェルノブイリ原発事故の発生を受け、刊行少し前で校正中だった『リスク社会』に、「この機会に」という小文を書き加えた。二〇一一年のベックは日本の社会学者とともに『リスク化する日本社会』（二〇一一年七月刊）という書物を刊行する準備を進めていたが、この度も福島原発災害に苦しむ日本の読者のために「この機会に」という文章を書いている。

……世界リスク社会における日常については、チェルノブイリ後の世界では、この社会が徹底的にカフカ的性格をもつことを学ぶことができる。放射能汚染によって、意味が接収され、自分の生活条件の危険性に関する市民の判断力が失われる。……チェルノブイリの原子炉事故による死者の数は、およそ四六人から一〇〇万人以上まで、報告によって様々である。……／その結果、日常的に人々は、「非知のパラドックス」が自分を恐怖に陥れていることに気づく。すなわち危険が増すほどに非知も増し、それだけ決断は不可能となるのである。（二〇頁）

どうしてこんな理不尽に苦しまなくてはならないのか。ベックが用いる「リスク社会」という言葉はそのわけをある程度、理解できるようにしてくれる。ある段階までの近代社会は、人間の環境に対する統御力を増大させ、それによって安全の度合いが増した。ところがある段階から、今度はつねに予測されるリスクに直面しながら生きなくてはならないようになり、よく分からぬリスク評価を前に決断困難な場に立たされ続けるようになる。医療を受ける際のインフォームドコンセントを思い浮かべるとよいかもしれない。

それは、私たちが環境や身体や関係についての知識を増やし、また人知が切り拓き、つくり出していく人為的な環境や関係の中で暮らす度合いが増えれば増えるほど、リスクを知りつつ決断しなくてはならないことに囲まれていくからだ。かつて人々は「お医者さま」にお任せするしかなかったので、信頼と不信の間で医師の技量や知識や説明力について評価し続けなくてはならないようなことはなかった。医師もよく分からないなりに勘を駆使し総合的な経験をして判断していくしかなかったが、そのために責められる心配はなかった。

ところが、合理的な人知が及ぶはずの領域が増えるに従って、リスクを予想したシステムと、個々の当事者の判断とに委ねられることが増えていく。だが、多くの事柄につき個々人の知識ストックで的確な判断を行うことは困難だ。それならば専門家に相談すればよいのではないか。ところが、今度は専門家の判断が分かれる。一方、専門家の側もリスク評価の誤りについて問いただされるというリスクに直面し続けることになる。

重大なリスクは個々人を苦しめるだけではない。政治もリスクにどう対処するかという問題に悩まされ続けるようになる。ある段階までは、リスクを担いつつも、ある程度、成功を続ける国家もあった。経済競争に勝ち戦争に勝つことで国家はリスクを克服し、多くの国民に安定をもたらすことができると考えられてきた。ところがグローバル化が進み、人類が一つの地球村（グローバル・ヴィレッジ）に生活し、相互に影響を及ぼし合っているさまをつねに感知できるようになるに連れて、人類社会全体が統御することが困難な大きなリスクに直面し続けていることを自覚させられるようになる。本書のタイトル『世界リスク社会論』はそうした世界のありさまを指し示そうとするものだ。

前半の「言葉が失われるとき――テロと戦争について」は、モスクワのロシア国会で行われた二〇〇一年一一月の講演をもとにしている。いうまでもなく九・一一のアメリカ同時多発テロに触発された内容が多い。だが、それはテロだけでなく、原発事故や地球温暖化や世界金融危機や遺伝子操作による人類の未来への危機にもあてはまるものだ。

チェルノブイリや異常気象や、人体遺伝学を巡る論争やアジアの金融危機といったさまざまな出来事や脅威と、いまわたしたちが直面しているテロの脅威に共通するものは何でしょうか。（二五頁）

ベックは、それは「言語と現実の乖離」だという。

現代の世界では、わたしたちが思考し、行為する際によりどころとしている数量化可能なリスクを扱う言語と、同様にわたしたちがつくりあげたものである、数量化することのできな

> い不確実性の世界との隔たりが、科学技術の発展とともにますます拡大しています。核エネルギーについての過去の決定、そして遺伝子工学や人体遺伝学やナノテクノロジーやコンピューター科学の利用に関する現在の決定によって、わたしたちは、予見できず、制御不可能な、それどころかコミュニケーションを取ることが不可能な結果をもたらし、そのことによって地球上の生命を危険にさらしているのです（二六―七頁）。

もっとも、人類は常に危険にさらされて生き延びてきた。地球のどこかで、地震や飢饉や戦争で地域社会が存続を脅かされることがなかった時代はなかっただろう。では、そうした過去の時代の危険と現代世界のリスクとはどこが違うのか。「それでは、リスク社会において新しいことは一体何でしょうか」とベックは読者に問いかけている。

> リスクの概念は、近代の概念です。それは、決定というものを前提とし、文明社会における決定の予見できない結果を、予見可能、制御可能なものにするよう試みることなのです。例えば、喫煙者のガンのリスクはこれぐらい高いとか、原発の大事故のリスクはこれぐらいであるとかいう場合には、リスクというものは、ある決定のネガティブな結果ではあっても、回避可能なものであり、病気や事故の確率に基づいて計算することが可能なものです。したがって、それは天災ではありません。世界リスク社会の新しさとは何でしょうか。それはつ

まり、わたしたちが文明社会の決定によって、結果として、地球規模の問題や危険をまき散らしていることなのです。（二一七頁）

それはまた、国民国家の中で多くのことが解決されると考えられていた時代には、まだ存在していた社会システムへの信頼が、今や失われていくことでもある。一九九六年にウイーンでなされた講演をもとにした、後半の「世界リスク社会、世界公共性、グローバルなサブ政治」では、国家や家族など安定した社会組織がセフティーネットを提供しうると感じられていた第二次世界大戦後しばらくまでの「第一の近代」の時期と、それ以後の「第二の近代」を対比させている。第二の近代においては、かつては良き効果をおおよそ信頼できた事柄の、ネガティブな副作用が露わになり、既存の制度ではリスクを統御できない事態が噴出してくるという。

この副作用はグローバルな危険として出ることが多く、そこでは国家や政党など、従来の政治の場とは異なるところに政治の場が移っていく。表舞台の「文化＝カルチャー」に対してロックや秋葉原やマンガに見られるような「サブカルチャー」が蠢いているとすれば、国家や政党が担う正統的な「政治」に対して「サブ政治」が台頭してくる。これは二〇一一年にエジプト革命で起こったことや、原発問題に対するツイッターなどでのコミュニケーションの働きを思い起こすとよいかもしれない。

サブ政治は、「直接的な」政治を意味しています。つまり、代議制的な意思決定の制度（政党、議会）を通り越し、政治的決定にその都度個人が参加することなのです。そこでは法的な保証がないことすら多々あります。サブ政治とは、別の言い方をするならば、下からの社会形成なのです。そのことによって、経済や科学や職業や日常や私的なことは、政治的議論の嵐にさらされることになります。……決定的に重要なことは、サブ政治が政治的なものの規則と境界をずらし、解放し、網目状に結び付け、ならびに交渉できるものにし、形成可能なものにすることによって、政治を解き放つということなのです。（一一六頁）

リスク社会は豊かな自然の産出力を当たり前に享受できなくし、テロを避けるための監視のシステムをはびこらせる。そして、放射能の健康被害のようにリスクの度合いをめぐって意見が割れ、人々の信頼関係が脅かされる。だが、このようなリスクはチャンスにもできるのだとベックは言う。なぜなら、リスクは立場を選ばず、ほとんどすべての人々に及ぶ場合が多いので、国境を超え立場を超えて連帯する可能性が開けるからだという。この見方はテロ後のモスクワでの講演に顕著に表れている。それはまた、原発の是非で分裂してしまったドイツを新たな共通の日標に向けて和解させせようとの意図を含んだ「安全なエネルギーのための倫理委員会」の報告書にも見える考え方である。これは、新たなコスモポリタニズムを提唱するベックの立場とも関わっている。

前向きの希望は確かに必要だ。倫理の基盤には確かに共感や希望がなくてはならない。だが、リスクが社会のさまざまな対立関係と密接に関わっていることも否定できない。九・一一のテロの背後には、パレスチナをめぐる長期にわたる対立があり、石油資源を確保しようとする先進諸国の権益が関与していた。原発の放射能被害の背後には、核実験を繰り返しその被害を押し隠すように「原子力の平和理由」を打ち出し、結果的に安全を軽視してきた核保有国を中心とする先進国の利益追求があった。それらの背後には世界経済の活性を重視するもっともな発想があったと思うが、そのために安全を軽視し多くの人々を犠牲にしてきたやり方が妥当だっただろうか。広島・長崎の悲惨な被害を知る日本人は核保有国の人々とはやや異なる感想をもつのではないだろうか。

ベックは本書でも自ら啓蒙主義の徒であることを認めている。すぐれた知力によって、何事についても「その基礎をふり返る（reflexivity）」という近代の特性を徹底して考察したのは啓蒙の徹底である。その知力によって、本書は世界の難問が生じるゆえんに光を当てている。だが、この後、ベックは『〈私〉自身の神――平和と暴力のはざまにある宗教』（岩波書店、二〇一一年、原著、二〇〇八年）で宗教や倫理の問題を根本から考え直そうとしている。ベックは知的自己反省（reflexion）を超えて、知を方向づけるものを問い直す方向に進まざるをえなかったのではないか――私はそう想像している。

アマルティア・セン

グローバリゼーションと人間の安全保障

加藤幹雄訳
日本経団連出版、二〇〇九年刊

本書は、ノーベル経済学賞の受賞者であると同時に、現代世界に大きな影響力をもつ知的リーダーとして、また社会思想家として知られる著者が日本で行った講演（一九九八年、二〇〇二年）を基軸に編まれた文集だ。講演原稿がもとになっているだけに、著者の考え方が分かりやすくすっきりと提示されていて、読みやすい。意見が分かれがちな論点を取り上げて、自分の立場を鮮明に打ち出しているのも理解しやすい理由となっている。

表題にあるとおり、本書の取り上げる諸問題の中心にはグローバル化の深まりという事態がある。国境を越えた人々の関係がますます深まっていくことで、私たちは次々と新たな経験に出会っている。喜ばしいこともあれば苦しみの原因と感じ取られることもある。市場経済が地球大に広がっていくと、地球上の経済格差がどの地域にも見られるようになってくる。かつて遠い第三世界のことと思われていた極度の貧困や恐怖に直面し続ける生活が、豊かだった先進国の内部、つまりは私たちのすぐそばに迫ってきている。豊かな国の富を享受してきた私たち自身のすぐ回りに、無残な死や治療したくてもできない病苦が、また陰惨で統御困難な暴力や犯罪がうごめく事態になっている。

そこでグローバル化そのものを拒否すべきだという考え方も力を増す。だが、その道は選べない。グローバル化から得られるはずの利益は大きいので、グローバル化で生ずるマイナス面をどう克服していくかを考える方が賢明だとセンは論じる。グローバル化に伴う困難は不平等問題が大きい。「問題の核心は、グローバリゼーションがもたらすであろう潜在利益を、富裕国と貧困国との間で、あるいは国内のさまざまなグループの間で、どう配分するかということにあります」(三四頁)。

グローバル化による困難を考える上で、手がかりになる論題の一つが「人間の安全保障」だとセンはいう。かつて安全保障とは国家間の戦争や平和に関わる概念だった。だが、貧しい国々では内戦や住民の大量の危難が頻繁に起こっている。住民の安全で平和な生活を追求するのであれば、国家間の軍事的な関係に視野を限定しているわけにはいかない。そこで「人間の安全保障」という概念が必要になる。国連では一九九四年頃からこの概念が用いられるようになった。

とりあえず日本の外務省のウェブサイトを見ると、「人間の安全保障」は「人間の生存・生活・尊厳に対する広範かつ深刻な脅威から人々を守り、人々の豊かな可能性を実現できるよう、人間中心の視点に立った取組を実践する考え方である」と説明されている。二〇〇〇年の国連ミレニアム総会でアナン国連事務総長は、「恐怖からの自由」、「欠乏からの自由」とのキーワードを使って報告を行い、人々を襲う地球規模のさまざまな課題にいかに対処すべきかを論じた。この事務総長報告を受け、同総会で演説した日本の森喜朗首相は、日本が「人間の安全補償」を外交の柱に据えることを宣言し、世界的な有識者の参加を得て人間の安全保障のための国際委員会を発足させ、この考え方をさらに深めていくことを呼びかけた。

この呼びかけは、翌年、「人間の安全保障委員会」の創設という形で実現し、緒方貞子国連難民高等弁務官（当時）とアマルティア・セン、ケンブリッジ大学学長（当時）が共同議長に就任した。一二人の有識者からなるこの委員会は二〇〇三年五月にアナン国連事務総長に報告書を提出する。本書に収められた「不平等の地球規模拡大と人間の安全保障」は一九九八年の日本での講演に基づくものだが、そこでは「人間の安全保障」という概念を説明するのに、センは同じ一九九八年の小渕恵三元首相の講演原稿「アジアの明日を創る知的対話」の言葉を引いている。

私は、「人間は生存を脅かされたり尊厳を冒されることなく創造的な生活を営むべき存在であると信じています。」小渕首相はこう述べ、その信条との脈絡で、「人間の安全保障」（ヒューマン・セキュリティー）という概念を提示しました。ヒューマン・セキュリティーは、「人間の生存、生活、尊厳を脅かすあらゆる種類の脅威を包括的に捉え、これに対する取組みを強化するという考え方」を示すキーワードでもある、とも云っています。留意すべきは、この発言の焦点が一般的な不平等に対してではなく、弱者の立場に置かれている世界中の人々をさらに窮地に追い込むようなあらゆる危険に対して当てられていることです。人間の生存、日常生活、そして尊厳性が脅威に晒されている人々が存在する反面、そのような脅威を全く感じていない人々も存在するというのは、もちろん一種の不平等であり、そのような状況がグローバルな配分の不平等にどのような意味を持つかは明白です。（四一―二頁）

こう述べた後でセンは、「人間の安全保障」は経済的な富の配分の公平とは区別されるものだと付け加えている。例として一九九七年のアジア経済危機があげられる。この経済危機によって「職を失い、利益が期待できる経済活動から締め出された人々にとっては、公平を伴った成長であってもヒューマン・セキュリティを保障するものではなかったことが、急に明白に」なった。「経済ブーム時にすべての人々が一緒に上昇気流に乗った場合でも、落下するときにはばらばらになり、弱い立場に置かれている人々が最も大きな打撃を蒙ることになるのです」（四三頁）。

これは三・一一以後の日本人の現状によく当てはまる事柄ではないだろうか。当初は、発展途上国の苦難に手を差し伸べ、世界平和の基礎を育てるという主旨が強かったこの概念だが、センは先進国の人々にとっても切実な意義をもった概念であることを積極的に示している。小渕元首相が述べたように、「人間の生存、日常生活、および尊厳」が脅かされていることが、人間の尊厳や公正さに相反するものであり、そもそも社会の基本的価値そのものを疑わせるものである。

かつてこのようなことは「発展途上国」や「第三世界」の事柄と考えられていた。小渕元首相や森元首相はそのように考えていたかもしれない。だが、それは国際社会が取り組むべき事柄であるだけでなく、先進国自身の事柄でもあることが明白になってきている。アメリカ合衆国では二〇〇五年にハリケーン・カトリーナが南部を襲い、二五〇〇人余りの犠牲者を出したが、ニューオーリンズでは「人間の生存、日常生活、および尊厳」が脅かされている状況が現出した。

省みて二〇一一年の福島原発災害後の福島県等の諸地域では、異なる意味でヒューマン・セキュリティが脅かされ続けている。現在のセン自身もそれをよくわかっていると思うが、日本政府は住民の安全を守るための方策を十分に取ることなく、子どもたちの放射線被ばくの危機を軽視し続けている。これは政府や県が東京電力やその同盟者として原発を推進してきた人々の立場から事態を捉え、地域住民の視点から事態を捉え返すことができなかったからだった。しかも、それを正当化する人々が「安全学」とか「リスク・コミュニケーション」の名において、住民の安全を軽視する考え方を広めてきたのではないか。これは経済利益にすべてを従属させるネオリベラリズム的なグローバル化の悪しき影響と考えている人は少なくない。

だが、センはこのような「人間の生存、日常生活、および尊厳」への脅威は、グローバル化の必然的帰結ではないと論じる。グローバル化の肯定的な側面を重視すべきだ、グローバル化に反対する運動もグローバル化に依存しているわけであり、グローバル化を受け入れた上でそのシステムを変更するのは可能なはずだというのだ。

グローバリゼーションに抗議する人々の多くが、世界経済システムの中で負け犬になった人々のためのよりましな条件を求めてグローバリゼーションに反対しているのは、彼らの言葉とは裏腹に、グローバリゼーション自体に対してではないのです。彼らの要求は、グローバリゼーションによってもたらされる果実と機会のより公平で公正な配分なのです。（六〇頁）

市場経済そのものが悪者なのではない。ヒューマン・セキュリティを増大させていくには市場経済は不可欠だ。問題は市場経済をどのように活用していくかだ。それは、「教育、公衆衛生、土地改革、小口融資制度、弱者に対する法的保護制度などの分野でどのような公共政策がとられるか」によっている。これらの諸分野で適切なシステムを作っていくことで、グローバルなレベルでの不平等を小さくし、ヒューマン・セキュリティを高めていくことは十分可能だとセンは論じる。

以上、グローバル化と人間の安全保障についてのセンの議論を見てきたが、欧米の先進国が押し進めてきた資本主義と民主主義による近代化の道を高く評価し、それをさらに押し進めていくことでより公正で安全で豊かな世界が実現すると考えていることが知れる。実際、本書の他の諸章では、文化の多様性を認めることは必要だが、その間の対立は普遍的な論理的思考により克服していくことが可能であり、人類共通の価値による発展が可能であるとの主張が強く押し出されている。普遍的な理念としての自由主義の立場が貫かれており、それが西洋の近代という限定された文化の出自を負ったものであるという考え方が批判されている。

一九八〇年代から九〇年代にかけて「文明の衝突」を説いたサミュエル・ハンチントンの西洋文明の特殊性を強調する論を、センは厳しく批判している。それは人々を単純な指標で区分けする誤った人間理解にのっとっているだけでなく、政治的な対立を増幅し、和解の道を妨げてしまう政治的効果をもってしまう。センは「東洋と西洋」を対置させる論にも同調しない。異質性を強調して他と区別することによってアイデンティティを強調しようとする考え方に支えを与えるものだからだという。センの理解するところでは、さまざまな文明においてそれぞれ独自の仕方であるとはいえ、自由や理性が育てられてきた。この人類共通の規範に基づく国家の統合が、また国際的な融和が望ましいし、可能だと論じられる。特定宗教が政治的な主導権をとることを否定する世俗主義(政教分離)もそうした規範から導かれるものだとセンは考えている。それがガンジー、ネルー、タゴールらが西洋にならって導入したもので、国民会議派の世俗主義はインドにとって新しい考え方だとする論をセンは否定する。インドにも特定宗教を相対化し、諸宗教の融和を進める政治的伝統があった。古代のマウリヤ朝のアショーカ王がそうであるし、近世のアクバル王がそうだったとセンは論じる。「四百年前、アクバル王が宗教に関して国家は中立の立場を保持すべきことを宣言したことを思い起こしてみるのが有益でしょう。当時は、インドにかぎらず世界のどこにもまだ誕生していなかった世俗国家概念の原点をこの宣言書の中に見出すことができるからです」（二二九―三〇頁）。

センの立場は、ヒンドゥー教とイスラームの対立に揺れてきたインドの歴史を反映している。自由主義への信頼とその普遍性の信念から引き出される寛容や文化的な多様性を超越できるという考え方の背後にはそうした歴史的経験がある。他の視座をもつ人々は、必ずしもそのまま受け入れうると感じないかもしれない。さまざまな異論が予想されるところだ。これは「人間の安全保障」を目標として掲げても、その実現がとても期待できないので空想的な論にすぎないとの異論にも通じるかもしれない。

しかし、「人間の安全保障」の概念はすでに国際政治の面でも一定の影響力をもつ理念となっている。人間の多様な能力を発達させることと結びつけて「自由」や公正さの意義を拡張し、公共政策にも有益な理論基盤を提示したセンの業績の公共哲学的含意と「人間の安全保障」理念は確かに深く関連しあっている。原発災害で「リスク」や「安全」についてあらためて考え直さなくてはならなくなった日本人にとって、「人間の安全保障」理念は正面から取り組んでよい、重要な思想資源と言えるだろう。

マイケル・J・サンデル

完全な人間を目指さなくてもよい理由——遺伝子操作とエンハンスメントの倫理

林芳紀・伊吹友秀訳
ナカニシヤ出版、二〇一〇年刊

二〇一二年一二月、京都大学の山中伸弥教授が、iPS細胞を生み出した功績を称えられノーベル賞を受賞したのは、日本人としてうれしい知らせだった。脊髄損傷などiPS細胞を用いた医療により治癒や大幅な症状改善が望まれる方々やその周囲の方々のためには、これを機会に再生医療のいっそうの発展を期待したいところだ。現代医療は人の生命のあり方を変えていく夢の医療の実現に向かっていくのではないかと考える人もいる。

だが、行く手には大きな難問が横たわっている。人のいのちのあり方を変えていく医療とはそもそも人類にとって福音なのだろうか。病気や障害で苦しんでいる人を助けることは福音だが、同じ医学知識・医療技術が人々の欲望を満たすために用いられ、人類社会の基本的な価値観や倫理的基盤を掘り崩してしまうのではないか。人のクローン胚の利用やES細胞（胚性幹細胞）の利用が引き起こすと懸念された倫理問題は、iPS細胞から切り拓かれていく新たな科学技術においても避けられない問いとしてのしかかっている。

二〇〇〇年前後から活発になってきた「エンハンスメント」（この語の意味は後述する）をめぐる議論は、この新たな倫理問題に深く関わるものだ。レオン・カスを座長とする、ブッシュ大統領の生命倫理評議会はこの問題を正面から取り上げた。『治療を超えて――バイオテクノロジーと幸福の追求』（青木書店、二〇〇五年、原著二〇〇三年）がその成果だ。その後、この企てに一員として加わっていたマイケル・サンデルは、『治療を超えて』の主調音とは異なる論点を提示する書物を刊行した。それがこの『完全な人間を目指さなくてもよい理由』（*The Case against Perfection: Ethics in the Age of Genetic Engineering*）だ。題は『より卓越した人間の追求に反対する理由』と、副題は『遺伝子操作の時代の倫理』と訳した方がよいかもしれないが、実は「エンハンスメント」が主題である。

「エンハンスメント（enhancement）」は「増進的介入」とか「増強」などとも訳される語だ。病気を治すというより、望む方向に人間を変えるために医療を用いることを指している。「治療」はふつうの人間の機能を果たしうるように医療的措置を施すことだが、「治療」以上のものを求めるために医療を用いるのが「エンハンスメント」だ。美容整形はそのよい例だが、性格を変えたり、能力を高めたりというようにその領域が広がっていきつつある。再生医療はこの促進に大きく貢献するだろう。

では、エンハンスメントに歯止めをかけることができるだろうか。エンハンスメントはよくないと倫理的な判断を下すとすれば、その根拠は何だろうか。サンデルは本書でこの難問に対する答えを指し示そうとする。

二つの論題が取り上げられている（第二章、第三章）。一つはスポーツ選手の身体能力強化だ（第二章）。薬物だけでなく遺伝子操作まで含めて身体能力を高めるための医学的方策が求められている。それが安全であり、公平さという点での問題が小さいとしても、やはり自由放任は好ましくないのではないか。では、なぜそれは好ましくないのか。ひとつの答は、それは「自分自身の力でやりとげた」という個人の達成の本来性を奪ってしまうからというものだ。その人自身の力でなしとげてこそ達成の意味があるのに、科学技術の力を借りてバイパスしてしまえば、自分自身の達成とは言えないことになるだろう。個人の自由を拡充するように見えて、個人を他の力に依存させるもので、自由を狭めることになる。『治療を超えて』の主調音をなすのはこういう批判だ。

エンハンスメントや遺伝子操作によって脅かされる人間性の一側面としてときに挙げられるのは、自分自身のために、自らの努力を通じて自由に行為する能力や、自らの行為や自分のあり方にかんして責任を持つ——讃美や非難に値する——のは自分にほかならない、と考える姿勢である。ステロイドや遺伝子増強《エンハンス》された筋肉の助けを借りてホームランを七十本打つことは、弛みない練習や努力の結果としてそれだけ打つこととはまったく別物であり、それよりも劣る事柄だというのである。（二八頁）

こうしたサイボーグ選手が行為主体であることはありえないと思われる。というのも、「彼の」達成は、彼を作り出した人物の達成となるだろうからである。この見方に従えば、エンハンスメントがわれわれの人間性を脅かすのは、それが人間らしい行為主体性（agency）を蝕むからである。その行き着くところは、人間としての自由や道徳的責任とは相容れない、完全に機械論的な人間行動理解である。（二九―三〇頁）

だが、この批判は図星をついておらず、まちがっているとサンデルは論じる。「それよりもいっそう深刻な危険性は、それらが一種の超行為主体性（hyperagency）、すなわち、人間本性も含めた自然を作り直し、われわれの用途に役立て、われわれの欲求を満たしたいという、プロメテウス的な熱望（Promethean aspiration）の現われとなっていることにある」（三〇頁）（英語は島薗が原著にそって適宜書き足している）。人が自己自身の本来の達成を得られなくなってしまうということよりも、達成を求めるという形で支配への衝動を強めていくことにこそ問題がある。本書の標題にある「より卓越していること（perfection）を目指す」こと、それに取りつかれていることが問題だというのだ。

そして、支配への衝動が見えなくしてしまうもの、破壊してしまうかもしれないものは、卓越による達成に先だって人に元来備わっているはずのものだ。では、エンハンスメントにおいて見失われている人間の本来的なあり方とは何か。サンデルはそれを「恵み」とか「授かりもの」（giftedness）の語で指し示そうとしている。訳書では「被贈与的性格」となっているが、日本語としての響きを重視して「恵み」、「授かりもの」と訳しかえて述べていこう。

恵みとしてのいのち（giftedness of life）を承認するということは、われわれが自らの才能や能力の発達・行使のためにどれほど努力を払ったとしても、それらは完全にはわれわれ自身のおこないに由来してもいなければ、完全にわれわれ自身のものですらないということを承認することである。また、それは、世界のありとあらゆる事柄が、われわれが欲求し（desire）たり考案し（devise）たりするために用いられてよいわけではないということを認めることでもある。（三〇頁）

恵みとしてのいのち、授かりものとしてのいのちという事実が適切に理解されるならば、プロメテウス的な計画には制約がかけられ、ある種の謙虚さが生まれるだろう。それは、宗教的感性として理解できることもある。だが、この理解は宗教だけが持っているものではない。特定宗教をもたないような人々にも理解され共鳴を呼ぶものだとサンデルは論じている。

このことがもっと見やすくなるのは、好ましい遺伝子の子どもを産もうとする「デザイナー・ベイビー」に見られる、子どもの選別や改造という第二の論題だ（第三章）。

> 「恵みとしてのいのち・授かりものとしてのいのち」の倫理はスポーツでは落城の危機に瀕しているものの、子育てという営みの中では今なお命脈を保っている。だが恵みや授かりものとしてのいのちの倫理は、ここでもまた生物工学や遺伝子増強《エンハンスメント》によって追放されるという脅威に見舞われている。子どもを授かりもの・恵み（gift）として理解することは、子どもをそのあるがままに受け止めるということであり、われわれによる設計の対象、意志の産物、野心のための道具として受け入れることではない。子どもが偶然持ち合わせた才能や属性によって、親の愛情が左右されることはない。（四九頁）

親は元来、どんな子どもに対しても、その子をあるがままに受け入れるという姿勢を持っているはずだ。子どもは親がそうあってほしいというようには生まれないし、育たない。それでも親は子どもへの愛を失うことはない。

子どもの性質は予測不可能であり、親がどれだけ念入りに事を進めようとも、自分の子どもがどんな子どもなのかについて完全に責任を取ることはできない。だからこそ、子どもの親であることは、他のどのような人間関係よりも、神学者ウィリアム・F・メイの言う「招かざるものに開かれた心」（openness to the unbidden）」を教えてくれるのである。（四九―五〇頁）

ここでも訳語を少し変えている。訳書では openness を「寛大さ」と訳してあるが、ここでは「開かれてあること」、「開かれた心」と訳したい。（また unbidden は「招かれざる」ではなく「招かざる」としたい。）

メイの含蓄に富んだ言葉が意味しているのは、支配や制御への衝動を抑制し、授かりものとしての生・恵みとしての生という感覚を呼び覚ますような、人柄や心持ちである。それは、われわれに以下の事柄を教えてくれる。すなわち、エンハンスメントに対するもっとも根源的な道徳的反論は、エンハンスメントの先にある人間の完全化よりも、エンハンスメントが具現したり促進したりする人間の性向に向けられている。問題となるのは、親が設計によって子どもの自律を奪うことではない（設計されなければ、子どもが自分の遺伝的形質を自ら選び取れるというわけでもなかろう）。むしろ、問題の所在は、設計をおこなう親の傲慢さ、生誕の神秘を支配しようとする親の衝動のうちに認められるのである。むろん、このような性向があるからといって、親が子どもに対して暴君のように振る舞うことにはならないのかもしれない。だが、こうした性向によって親と子の関係は汚され、招かざるものに開かれた心を通じて育まれるはずの謙虚さや人間に対する幅広い共感能力が、親から奪い取られてしまうのである。（五〇—一頁）

子に対する親の愛には「無条件の愛」という性格が基底にある。だが、それは「親が子どもの発育に影響を与えたり方向づけたりすることを慎まなければならない」ということではない。逆に、親には子どもを教育する義務や、子どもが自らの能力や天賦の才を見つけ出し、育んでいくのを支援する義務がある。「メイが指摘するように、親の愛には、受容の愛と変容の愛という二つの側面がある。受容の愛とは子どもの存在を肯定することであり、変容の愛とは子どもの福利を探求することである」（五四頁）とサンデルは論を進める。バランスが問題なのだが、現代社会は「変容の愛」に傾きがちであり、そのことが子どもの心を、そして親の心をも脅かす傾向が顕著なのだ。そしてエンハンスメントはまさにそうした「変容の愛」、「変容への強迫」を強めていくことになるだろう。

こうした傾向は個々の親子関係、また親や子どもを脅かすだけではない。それは人類社会のあり方を変えてしまうだろう。本書の最後の章（第五章）でこの問題に踏み込んでいる。

なぜわれわれは、エンハンスメントに対する不安をまったくの迷信として斥けてはならないのか。仮にバイオテクノロジーがわれわれの被贈与性の感覚を打ち砕いたとして、それで何が失われてしまうのだろうか。

上の問いに対する回答は、宗教的観点からすれば明白である。すなわち、われわれの才能や能力は完全に自分自身のおこないに由来しているという信念は、天地創造の中での人間の立ち位置を誤解しており、人間の役目と神の役目を混同しているのだ、というわけである。だが、いのちが恵みであることを気にかけなければならない理由は、宗教だけに求められるわけではない。ここでの道徳的問題は、世俗的な言葉で表現することもできる。もし遺伝学革命によって、人間の能力や偉業の恵みとしての性格に対するわれわれの謝意が蝕まれていくならば、われわれの道徳の輪郭を形作っている三つの主要な特徴、すなわち、謙虚、責任、連帯に、変容がもたらされるのである。(八九―九〇頁)

まず「謙虚」という徳。

とかく支配と制御がもてはやされる世の中において、子育ては謙虚さを学ぶ格好の機会である。われわれは子どものことを深く気遣っているものの、われわれの望みどおりの性質を子どもが備えるように運ぶことはできない。この事実を通じて、親は招かざるものへの開かれた心を教えられるのである。そうした開かれた心は、たんに家族の内側だけでなく、より広範な世界の中でも受け入れられてしかるべき性向である。それによってわれわれは、不測の事態を引き受け、不和を耐え忍び、制御への衝動を抑え込むことが可能となる。（九〇―一頁）

次に「責任」についてはどうか。ここでの議論はやや複雑だ、エンハンスメントは責任を侵蝕するのではない、むしろ責任を過剰に増殖させる、そして責任が過剰に増殖することによって人間らしい生活が脅かされるとサンデルは論じる。

遺伝子増強は努力や闘志を蹂躙《じゅうりん》し、人間の責任を蝕んでしまうものだとされることもある。だが、本当の問題は、責任の侵蝕というよりもその増殖にある。謙虚さが道を譲ると、責任は恐ろしいほど拡大していく。われわれはより多くの物事を、偶然のせいではなく選択のせいにするようになる。親は、子どものために適切な性質を選び取ること／選び取らないことに対して、責任を負うようになる。（九一―二頁）

しかしそれは幸福な親子関係をもたらすだろうか。愛が損なわれないだろうか。また、親にとっても子にとっても幸福なことだろうか。

そして最後に「連帯」が取り上げられる。

皮肉なことに、自分自身や子どもの運命に対する責任が増殖するにつれて、自分よりも不幸な人々との連帯の感覚は薄れていく可能性がある。われわれが自らの境遇の偶然的な性質に自覚的であればあるほど、われわれには他人と運命を共有すべき理由が認められるのである（中略）。（九四頁）

このように考えてみると、連帯と恵みへの感性との結びつきが明らかになる。われわれの天賦の才は偶然なのだという強固な念――誰一人として自分自身の成功に対する完全な責任を有している者はいないのだという意識――こそが、成功は有徳さの証であり、裕福な人々は貧困な人々よりもいっそう富の享受に値するがゆえに裕福であるのだという独善に似た思い上がりが、能力主義社会の中に醸し出されてくるのを防いでいるのである。（九六頁）

遺伝子操作を用いることで、遺伝上のめぐり合わせによる結果を覆し、偶然を選択に代えることが可能になると、人間の能力や達成の恵みとしての性格は薄らいでいくだろうし、おそらくはそれとともに、われわれが自らのことを運命共同体の一員として理解する能力も薄らいでいくだろう。（九六頁）

本書は、エンハンスメントについて、また人間改造の生命科学や医療について考えるときの基本的な論点を明快に示している。人間改造には歯止めが必要だという直観の背後にある論理はどのようなものか。それを明るみに出したという点で本書はたいへん重要な書物だ。だが、本書の射程はエンハンスメント問題に留まらない。現代の科学技術への哲学的批判として、もっとも鋭いものの一つと言ってよいだろう。

「授かりもの・恵みとしてのいのち」を感じ取って生きていくことが、倫理の根本にある。そしてそれは諸宗教が教えて来た何かとつながっている。諸宗教では「感謝」が唱えられることが多い。だが、それは特定宗教を超えている。

日本では「いただきます」、「生かされている」、「おかげさま」、「もったいない」などの言葉が好まれる。サンデルの論はこうした言葉を思い起こさせてくれる。日本人の倫理観に即して現代科学技術の倫理を考えていく際の手がかりをも示してくれている。具体的な論題に即して適用し磨き深めていくべき思想だと思う。

イマニュエル・カント

永遠平和のために

宇都宮芳明訳
岩波書店、岩波文庫、一九八五年
（原著一七九五年）

お通夜や葬式で故人の遺影に向かい、「長い間ありがとうございました。安らかな永久の眠りにつかれますように」と念ずる。「永遠の平安・安らぎ」ということの言葉を英語に直せば“Eternal Peace”となる。墓石に彫り込んだり、墓地に掲げられたりする句なのだが、一八世紀末、あるオランダの旅館業者がユーモアによる客引きだろうか、これを看板に用いた。カントはこの話を枕に哲学的政治論の著作を始めている。

「永遠平和のために」というこの風刺的な標題は、あのオランダ人の旅館業者が看板に記していた文字で、その上には墓地が描かれていたりしたが、ところでこの風刺的な標題が、人間一般にかかわりをもつのか、それともとくに、戦争に飽きようともしない国家元首たちにかかわるのか、それともたんに、そうした甘い夢を見ている哲学者たちだけにかかわるのか、といった問題は、未決定のままにしておこう。（一一頁）

「永遠平和」という言葉は、墓地での言葉ではなく政治思想に関わるものだとすると、とたんに「胡散臭い」との反応が出てきそうだ。力で動く政治の現実を知らぬ観念論者のたわごとだと。カントはそのことを百も承知で、初めから巧みに予防線を張っている。政治は複雑な利害関心を現実的に処理していかなくてはならないことばかりだ。だが、そこに倫理的な理念が関わっている、国際的な「永遠の平和」はその倫理的理念の重要な次元だ――このような考え方が背後にある。

政治と倫理には深い関係があるが、その関係は単純ではない。政治的な判断をするときに倫理的な基準が問われることがある。たとえば、生命倫理や環境倫理というような領域では、政治的な課題と深く関わる倫理問題が論じられる。しかし、倫理的な基準を強く打ち出すと政治的には非現実的で有害だと見なされることもある。倫理的な理想主義では現実は理解できないという考えは、政治に関わる者が強く意識しているところだ。

倫理は個々人の対面的な関わり、「顔」に向き合う関係、「我と汝」の二人称的な間柄においてこそ本来的に現れるという理解もある。カントの義務論的な倫理説では「定言命法」とよばれる倫理の根本命題が示される。「汝自身の人格にある人間性、およびあらゆる他者の人格にある人間性を、つねに同時に目的として使用し、けっして単に手段として使用しないように行使せよ」。難しいが、分かりやすく言えば「自己をも他者をも手段として遇してはならない」ということだ。これを政治に適用するのはなかなか難しい。政治においては、人が数量として、また手段として扱われることが避けられない。

だが、現代社会のような複雑な社会関係の中に個々人が織り込まれて生きていくような社会では、政治と倫理とが複雑にからんでいて切り離せない。差別は政治的な力関係を背後にもっていることが多いが、日々の個人的な関係の中に現出してくる。個人的な関係において政治を意識しながら倫理的であろうとする経験をもつことが少なくない。そもそも「公共哲学」というような領域に多くの人びとが関心をもつのは、一つには政治と倫理が密接にからんでいて、人びとが日々、その関係について問われているという事態があるからだろう。

「戦争と平和」というような論題も、政治の問題であるとともに倫理の問題だということは世界中の多くの人びとが感じ取っていることだ。マハトマ・ガンジーやキング牧師の「非暴力的抵抗」のことを思い出してもいいし、ジョン・レノンの「イマジン」を思いだしてもよい。そして、哲学者としてこの問題に取り組み、グローバル化が進む現代の政治思想にも大きな影響を及ぼしているのがカントだ。カントの『永遠平和のために』は、グローバルな経済権力が地球上のあらゆる地域の人々に巨大な影響を及ぼすが、それを統御する国際政治秩序があやしいものにとどまっている、現代世界の政治にとって示唆するところが大きい書物だ（ジェームズ・ボーマン、マティアス・ルッツ－バッハマン編『カントと永遠平和―世界市民という理念について』未来社、二〇〇六年、参照）。

民主主義社会（カントは共和的という）は倫理的な理念を土台としている。これはカントが「永遠平和のための第一確定条項」にあげることだ。

第一に、社会の成員が（人間として）自由であるという原理、第二に、すべての成員が唯一で共同の立法に（臣民として）従属することの諸原則、第三に、すべての成員が（国民として）平等であるという法則、この三つに基づいて設立された体制――これは根源的な契約の理念から生ずる唯一の体制であり、この理念に民族の合法的なすべての立法が基づいていなければならないのであるが、こうした体制が共和的である。（二八―九頁）

「自由」、「平等」、「法の支配」というこれらの原則は、自由な倫理性を備えた市民（個人）という規範的な人間理解に基礎づけられているとカントは捉える。「自由」、「平等」、「法への従属」という原理は民主主義社会の基本的な倫理性にかかわると見なされている。そこで次のような説明が加えられている。

これらの権利は人間に生得的で、人間性に必然的に属し、他に譲渡できないのであるが、これらの権利の妥当性は、人間がいっそう高次の存在者（このような存在者が考えられる場合は）に対してすら法的な関係にあるという原理によって、確証され、高められる。それは人間が、これと同一の諸原則によって、自分が超感性的な世界の市民でもある、と考えるからである。（三〇頁）

「他者を傷つけてはいけない」という倫理命題は国家ごとに法的に規定されているが、これは倫理的な義務以前の性向を基礎にもっている。人間は自然状態のなかでも友好的関係を作ってきた。とりあえず利己的な動機を基調とした人間の自然的性向からも平和な関係を作ろうとする意志は現れてくる。他の箇所でカントはそれを人間の「非社交的社交性」とよんでいる（宇都宮芳明『カントの啓蒙精神―人類の啓蒙と永遠平和にむけて』岩波書店、二〇〇六年、二一四頁）。

だが、そのような自然の性向の中で、人を利己的な動機を超えたかに見えるものに人を鼓舞し、喜んでいのちを投げ出して戦争に向かわせることにもなる。一方、共和制は法に従属することで暴力を避ける市民的な秩序に向かわせる。これは倫理以前の「自然」な傾向からも説明できる。とはいえ、それを国際的な秩序にまで広げることはできない。――ここでカントは現実主義的な人類政治史の記述を行おうとしているようにも見える。とはいえ、人類史の背後には啓蒙への意志、すなわち倫理的成熟への意志が働いているとの信念があることは陰に陽に示されている。

民主主義体制（共和制）は人類の倫理的な成熟（啓蒙）への意志を具現しているが、それは民族や宗教を基盤とした国家の枠に限定されている。倫理に基づく政治がありうるとしたら、国境を超えた国際関係や世界市民社会の次元でのそのあり方も考えられなくてはならない。だが、カントは世界共和国を提起することはしない。国家間の連合を提起する。そしてそれは、既存の国際法を永遠平和を目指すものに転換させた「平和連合」という形をとるだろう。これは平和条約とは異なる。平和条約は再び戦争が行われることを排除していないから、実質的には休戦のようなものに留まるが「平和連合」は永続であることを目指す。

> しかしそれにもかかわらず、理性は道徳的に立法する最高権力の座から、係争解決の手続きとしての戦争を断乎として処罰し、これに対して平和の状態を直接の義務とするが、それでもこの状態は、民族間の契約がなければ、樹立されることも、また保障されることもできないのである。――以上に述べた諸理由から、平和連合（foedus pacificum）とでも名づけることができる特殊な連合が存在しなければならないが、これは平和条約（pactum pacis）とは別で、両者の区別は、後者がたんに一つの戦争の終結をめざすのに対して、前者はすべての戦争が永遠に終結するのをめざすことにある、と言えよう。（四二―三頁）

これは共和国のように法への従属を構成員に義務づけるものではなく、諸国間の自由の維持・

保障にかかわるものに留まる。だが、それが諸国間に広がっていくことは期待できる。また、自由な市民の契約を前提とする共和国が、永遠平和を望まないということは理にかなったことではない。また、外国人同士の相互訪問を保障するような、限定された機能をもつ世界市民法は、永遠平和を支える働きをなしうるだろう。

このようにカントは倫理的な理念を強く押し出すのではなく、国家の秩序を基礎とする政治の限界の中で可能な限り倫理的な要素を具体化していくという形で「永遠平和」を論じている。そして、そこへ近づいていくだけの具体的な方策の提言も行っている。その中には「国家の対外紛争にかんしては、いかなる国債も発行されてはならない」というような、当時の国際関係で生じていた問題が分からないと理解しにくいような論点も含まれている。また、「いかなる国家も、ほかの国家の体制や統治に、暴力をもって干渉してはならない」というものもある。これはアメリカのイラク攻撃やシリア攻撃の問題に見られるように、現代でもつねに争点となるところだ。

現実性は薄いかもしれないが考えてみるべき論点に、「常備軍は、時とともに全廃されなければならない」というものもある。これは常備軍があること自身が戦争を引き起こす原因となるというのが最初の論点だが、次の論点が付け加えられている。

そのうえ、人を殺したり人に殺されたりするために雇われることは、人間がたんなる機械や道具としてほかのものの（国家の）手で使用されることを含んでいると思われるが、こうし

た使用は、われわれ自身の人格における人間性の権利とおよそ調和しないであろう。（一七頁）

しかしこれは武装の可能性をすべて排除しているものではない。「国民が自発的に一定期間にわたって武器使用を練習し、自分や祖国を外からの攻撃に対して防備することは、これとはまったく別の事柄である」（一七頁）。国際関係において敵対が生じる可能性を考慮しているわけだが、それでも「永遠平和」に向けた姿勢を可能な限り、形にしていこうとするものだ。

「付録」として「政治と道徳の一致」、「不一致」についての二つの小節が置かれている。政治は政治の領域の論理に従うべきだが、そこに道徳（倫理）が関与していることを忘れるべきではない。他方、道徳を掲げる政治は危うい。法にのっとって政治は行われるべきだが、法は道徳に根差したものだ。ところが、道徳を掲げてその限界を超えてしまうことが起こりやすい。だから「道徳的な政治家」は歓迎すべきだが、「政治的な道徳家」は望ましくない。後者は「道徳を政治家の利益に役立つように焼き直す道徳家」（八〇頁）、いわば「口先で道徳を唱える道徳屋」とでもよぶべき存在ということになる。

　政治は、「蛇のように怜悧であれ」と言う。道徳は、（それを制限する条件として）「そして鳩のように正直に」と付け加える。この二つが一つの命令のうちで両立することができないなら、政治と道徳の間には実際に争いがあることになろう。しかしこの二つがどうしても合一しなければならないとすると、対立という考えは不合理であり、この争いはいかにして調停されるべきかという問いも、決して課題として提出されたりはしないであろう。なるほど、正直は最良の政治であるという命題は、実践が（悲しいことに！）たびたびそれと矛盾するような理論を含んでいる。だが正直はあらゆる政治にまさるという、同じように理論的な命題は、あらゆる反論をまったく寄せつけないばかりか、実に政治にとって不可欠の条件をなしているのである。（七七頁）

しかし、政治における倫理・道徳を擁護するカントは、道徳を掲げる政治が専横に傾くことを強く意識している。自然に基礎を置いた人間のあり方や法にのっとった政治を尊び、理念に頼りすぎることがないような現実的な対応を重んじる姿勢にそれがよく表れている。そこには「人間の本性にそなわる邪悪」（四〇頁）さの認識もある。だが、争い合う人間が争い合うことを通して秩序を見出していくような「非社交的社交性」を見越したしぶとい眼差しもある。

したがって、専断的にふるまう（実行にかんして欠陥のある）道徳家たちが、国家政略に（対策を急いで採用したり、勧めたりして）さまざまな点で衝突することがいつも起こるであろう。けれども、かれらがこうして自然と衝突する際に獲得した経験が、かれらを次第によりよい軌道へと導くにちがいない。これに反して、道徳を説く政治家たちは、法に反した国家原理を擁護し、人間の本性は理性が命ずる理念にしたがって善をなすことができないという口実の下に、力の及ぶかぎり、改善を不可能なものとし、法の侵害を永久化するのである。
（八三頁）

カントの「永遠平和」構想はけっしてユートピア主義的ではない。平和主義の理念が先走るものでもない。現実的な政治に即して、その支えとなるべき理念的なものを照らし出そうとするものだ。こうした知や思考のあり方としての「哲学」をカントは控えめに示しているが、そのような広い意味での「哲学」は、今日ますます必要とされているものではないだろうか。

あとがき

およそ二年にわたって書き継いだこの「倫理良書」紹介の文章を書物にまとめる過程で、二年間に学び、私なりに考えて来たことをあらためて振り返ることができた。若い時から折々に読んで感銘を受け、この時期にこそしっかり読み直したいと思う書物が多い。また、新たに読んだ書物の中から、これは重要だと思うものについて自分なりの受け止め方を記したものもある。

読書を通して自らを振り返り生き方を考えるという姿勢は多くの市民にとってさほど縁遠いことではないだろう。映画やコミックなどまでも含めれば、ごく当たり前のこととなる。娯楽と地続きの世界から、求道的な読書と言えるものまで程度の差はあるが、そこに多かれ少なかれ倫理的な問いが関わっていると言える。

私の場合は、映画で「フーテンの寅さん」(山田洋次監督)や「人間の条件」(五味川純平原作)に熱中するのと、ドストエフスキー、夏目漱石、太宰治などの作品を読むのと、哲学や思想の書を読むのが並行していた。それは中高生時代に由来するが、大学生時代には授業にも出ずに読書にふけっていた時期がある。やがて専門的な学問に親しむようになって、学問的な必要に迫られて行う読書と彷徨うような探索的な読書との区別がつかなくなったところがある。

この本では専門的な学問の前に、あるいはその周辺で行ってきた読書に立ち返って、「専門家」

以前の自分に帰ろうとしたようなところがある。といっても、そもそも専門とする宗教学というものに専門の枠を強調しないところがあり、そこでの学びの流儀とさほど隔たったこととは感じなかった。『宗教学の名著』（ちくま新書、二〇〇八年）での作業とも連続している。

これらの文章は、公益財団法人上廣倫理財団のホームページに「倫理良書レビュー」として一月一冊のペースで掲載されたものがもとになっている。このような場をいただいた同財団にあつくお礼を申し上げる。

それらを整理配列し、一冊の書物にまとめる段階では、弘文堂の三徳洋一氏にお世話になった。本書にまとめるにあたって、各章を大幅に書き改めている。三徳さんと話し合いながらその作業を進めていった。これまで多くの書物づくりでご協力いただいた三徳さんのご協力を得たことは、とても心強いことだった。

紹介させていただいたいくつかの書物の著者は親しい方々だ。それ以外にも多くの方々から得た示唆が役立っているが、それと明示していない場合が多い。誤って理解しているようなこともあるかもしれない。そのようにしてお世話になった多数の方々にもこの場を借りてお礼を申し上げるとともに、今後（といってもさほど長くないかもしれないが）ますますご教導くださるようお願いいしたい。

二〇一四年一月五日

島薗進

島薗進（しまぞの・すすむ）

1948年生まれ。上智大学教授、同大学グリーフケア研究所所長、東京大学名誉教授。
専攻は、近代日本宗教史、宗教理論研究、生命倫理、死生学。
著書に、『現代宗教の可能性』（岩波書店）、『スピリチュアリティの興隆』（同）、『現代宗教救済論』（青弓社）、『時代のなかの新宗教』（弘文堂）、『ポストモダンの新宗教』（東京堂出版）、『精神世界のゆくえ』（秋山書店）、『国家神道と日本人』（岩波書店）、『日本人の死生観を読む』（朝日新聞出版）、『現代宗教とスピリチュアリティ』（弘文堂）、『日本仏教の社会倫理』（岩波書店）ほか。

倫理良書を読む—災後に生き方を見直す28冊

2014（平成26）年2月28日　初版1刷発行

著　者　島　薗　　進
発行者　鯉　渕　友　南
発行所　株式会社　弘　文　堂　101-0062　東京都千代田区神田駿河台1の7
TEL 03(3294)4801　振替 00120-6-53909
http://www.koubundou.co.jp

装　丁　松村大輔
組　版　堀江制作
印　刷　大盛印刷
製　本　井上製本所

© 2014　Susumu Shimazono. Printed in Japan.

JCOPY ＜(社)出版者著作権管理機構 委託出版物＞
本書の無断複写は著作権法上での例外を除き禁じられています。複写される場合は、そのつど事前に、(社)出版者著作権管理機構（電話 03-3513-6969、FAX 03-3513-6979、e-mail: info@jcopy.or.jp）の許諾を得てください。
また本書を代行業者等の第三者に依頼してスキャンやデジタル化することは、たとえ個人や家庭内での利用であっても一切認められておりません。

ISBN 978-4-335-15055-5